Inhalt

Inhalt

Ein Wort zuvor

Wer sich vollwertig ernähren will und seinen Koch- und Eßgewohnheiten Aufmerksamkeit schenkt, wer Nahrungsmittel sucht, die naturbelassen und wertstoffreich sind, der begegnet heute vielfach dem Thema »Soja« – es liegt sozusagen in der Luft.
Dieses umfassende Soja-Kochbuch schließt endlich die Lücke in der Reihe der Vollwert-Kochbücher. Was Sie über die »Wunderbohne« - wie diese Hülsenfrucht wegen ihrer Vielseitigkeit auch genannt wird - wissen müssen, finden Sie hier. Vor allem aber bietet es eine umfangreiche Rezeptauswahl.
Wer kein Fleisch essen oder den Fleischkonsum einschränken möchte, der kann an Soja kaum vorbeigehen. Es bereichert die vegetarische Kost mit hochwertigem Eiweiß, essentiellen Fettsäuren, Vitaminen, Mineralstoffen, Lezithin und Ballaststoffen. Außerdem ist Soja als diätetisches Lebensmittel von Bedeutung. Es kann mit einem ganzen Spektrum von Heilwirkungen für ernährungsbedingte Gesundheitsprobleme aufwarten. Soja deckt unseren täglichen Eiweißbedarf so preiswert wie kaum ein anderes Nahrungsmittel. Und es ist die logische Alternative für alle, die umweltbewußt leben wollen, indem sie Soja direkt essen, anstatt es – mit großem Energie- und Eiweißverlust – über den Tiermagen »veredelt« zu sich zu nehmen.
Dieses Kochbuch mit Sojagerichten war für mich eine interessante Entdeckungsreise in relativ unbekannte Küchenregionen. Zwar schätze ich seit vielen Jahren Sojabohnen, -mehl, -mark und -sauce, doch bei der gründlichen Beschäftigung mit dem Thema merkte ich erst, wie viele Möglichkeiten in der kleinen Bohne stecken. Die vorzüglichen Koch- und Backeigenschaften und vor allem der immer wieder neue Geschmack überraschten.
Mein Ziel war es, Rezepte zu entwickeln, die schmecken, die leicht nachkochbar sind und für die man alle Zutaten problemlos beschaffen kann. Dabei merkte ich bald, daß die asiatischen und amerikanischen Rezepte – dort schätzt man Soja schon viel länger – unserem »europäischen« Geschmack meist nicht ganz entsprechen. Aus der Fülle der Möglichkeiten habe ich nun die besten Speisen ausgewählt, schnelle und einfache, aber auch anspruchsvolle.
Der Handel bietet heute ein umfangreiches Angebot von Sojaprodukten in Reformqualität. Einige Grundprodukte können Sie auch selbst machen, wodurch Ihre Sojaküche noch preisgünstiger wird. So ist es mir gelungen, erstmals eine einfache Anleitung für die Herstellung von Sojamilch und Tofu zu entwickeln, die auch vielbeschäftigte Hausfrauen begrüßen werden.
Was für Möglichkeiten Soja bietet, warum es so gesund ist, weshalb Vorurteile gegen Soja nicht berechtigt sind, wo wir Soja bisher schon begegneten, ohne es zu wissen, und welche Zutaten wir für die Sojaküche brauchen, lesen Sie in den folgenden Kapiteln. Ich habe mich so kurz gefaßt, wie möglich (was bei der Vielseitigkeit von Soja nicht einfach war), um viel Platz für Rezepte zu haben.
So finden Sie zunächst genaue und einfache Grundrezepte für Sojaprodukte, dann schmackhafte Suppen, Saucen, Salate, Gemüsegerichte und Beilagen. Ragouts, Aufläufe, Pasteten und Frikadellen gibt es von einfach bis raffiniert. Desserts und Konfekt, herzhafte Brotaufstriche, Getränke und Rezepte für alle, die es eilig haben, fehlen nicht. Zum Schluß zeige ich Ihnen an köstlichen Brot- und Gebäckspezialitäten noch, wie gut man mit Soja backen kann.
Alle Rezepte wurden mehrfach erprobt und gelingen Ihnen sicher. Holen Sie sich also das neue »uralte« Soja in Ihre Küche. Sie werden es bald so schätzen wie ich. Ich wünsche Ihnen auf dieser interessanten kulinarischen Entdeckungsreise Erfolg und guten Appetit!

Ihre Marey Kurz

Wichtiges über Soja

Der Siegeszug der »Wunderbohne«

Die Geschichte der Sojabohne reicht fast 5000 Jahre zurück. Der chinesische Kaiser Sheng-Nung soll sie damals bereits beschrieben haben und noch heute gibt es in China wildwachsende Arten. Der Name kommt wahrscheinlich von dem chinesischen Wort »sou«, was »große Bohne« bedeutet. In Kultur und Sprache des Fernen Ostens findet Soja eine ähnliche Verehrung wie bei uns das Brot. Für die Ernährung spielt Soja dort die gleiche Rolle wie bei uns Fleisch, Milch, Milchprodukte und Eier. »Fleisch des Feldes« und »Fleisch ohne Knochen« sind einige der bezeichnenden Ausdrükke, die man in China und Japan für Sojaprodukte gebraucht.

Der deutsche Botaniker Engelbert Kaempfer brachte die Sojabohne im Jahre 1712 nach einem Aufenthalt in Japan mit nach Deutschland. Kurz danach wurde sie im »Jardin des Plantes« in Paris und in den »Royal Botanic Gardens« in Kew (England) erfolgreich angebaut. Aber erst gegen Ende des vorigen Jahrhunderts begann von England und Nordamerika aus der Siegeszug der Sojabohne durch die westliche Welt. Die sich entwickelnde Ölmühlen- und Margarine-Industrie benötigte in steigendem Maße Ölfrüchte. Sojabohnen ließen sich ohne Schwierigkeiten verarbeiten und ergaben ein qualitativ hochwertiges Öl. Der verbleibende Rest, das sehr proteinreiche Sojaschrot, wurde als vorzügliches Viehfutter verwertet. So stiegen die Importe von Sojabohnen in England, den USA und auch in Deutschland Anfang dieses Jahrhunderts sprunghaft an. 1978 wurden bei uns 3,6 Millionen Tonnen importiert. Die Welt-Gesamterzeugung wurde für 1978/79 auf 80 Millionen Tonnen geschätzt. 63% davon sollen in den USA, 14% in Brasilien, 13% in China, 4,5% in Argentinien, der Rest in Japan, Indonesien, der Sowjetunion und ein kleiner Teil in Europa angebaut worden sein. Der botanische Name der Sojapflanze ist »Glycine hispida«. Sie ist eine einjährige Hülsenfrucht und zählt zur Familie der Leguminosen (Schmetterlingsblütler), die mit Hilfe der Knöllchenbakterien Stickstoff aus der Luft binden und so den Boden verbessern. Die Pflanze sieht ähnlich aus wie eine Buschbohne und wird je nach Sorte und Standort zwischen 30 Zentimetern und 2 Metern hoch. Sie hat hübsche blaßviolette Blüten. Die Früchte (Samen) wachsen wie bei den Busch- und Stangenbohnen in Hülsen, die jedoch nur 2–3 Bohnen enthalten. Sie können je nach Sorte gelb, grün, braun, schwarz oder rot, groß oder klein, rund oder oval sein. Es gibt etwa 1500 Arten.

Die Sojabohne hat ähnliche Boden- und Klimaansprüche wie der Mais, ist aber eine Kurztagspflanze, weshalb unsere langen Tage im Sommer für sie nicht günstig sind. Der Ernteertrag fällt daher bei uns ziemlich unterschiedlich aus. Es gab und gibt jedoch erfolgreiche Bemühungen, Sorten zu züchten, die den europäischen Anbaubedingungen angepaßt sind. Unsere biologisch angebauten Sojabohnen kommen aus Österreich und Südfrankreich. Mit eben diesen als Saatgut starteten auch wir einen Anbauversuch, den ich Ihnen nicht verschweigen möchte. Da wir hörten und lasen, daß Sojabohnen in unserem Klima nicht immer zur Vollreife gelangen, wollten wir probieren, wie grüne Sojabohnenschoten schmecken. Ein uns bekannter Gärtner mit Erfahrung im Anbau von besonderen Gemüsen säte Mitte Mai eine Reihe Sojabohnen wie Feldbohnen aus. Es wuchsen schöne, dunkelgrüne, etwa 60 cm hohe Pflanzen heran, denen die Hitze gar nichts ausmachte und für die sich sowohl die Landwirte, denen die umliegenden Felder gehörten, als auch die Rehe aus den nahen Gehölzen stark interessierten. Ende August hingen eine Menge kleiner, behaarter Schoten

mit je drei (zu) kleinen Kernen an jeder Pflanze. Wir kochten sie nach der Anleitung unserer japanischen Freunde etwa 20 Minuten in Salzwasser, gossen das Wasser ab und streuten nochmals etwas Salz über die Bohnen. In Japan ißt man sie so zum Bier. Auch uns schmeckten sie vorzüglich, mit und ohne Bier. Allerdings hatten die Schoten, ähnlich wie unsere Erbsen, harte Innenschalen und Fäden, was das Essen etwas mühsam machte. Der herzhafte Geschmack und der Gedanke, wieviel gesünder das doch war als so manches, was man bei uns zum Bier ißt, entschädigten uns dafür.
Den Namen »Wunderpflanze« hat man der Sojabohne gegeben, weil keine andere Kulturpflanze (außer der Erdnuß) innerhalb einer Wachstumszeit von nur 100 Tagen solche Mengen von Eiweiß und Fett produzieren kann. Sie vermag bis zu 4% (40mal soviel wie der Durchschnitt anderer Pflanzen) der auf sie einstrahlenden Sonnenenergie in energiereiche organische Substanz umzuwandeln! Das sieht dann (je nach Sorte und Standort unterschiedlich) im Durchschnitt so aus: 38% Eiweiß, 26% Kohlenhydrate (keine Stärke), 20% Fett (davon 2% Lezithin), 10% Wasser, 6% Mineralstoffe. Keine unserer einheimischen Hülsenfrüchte kann mit einer so stolzen Analyse aufwarten. Unsere Erbse enthält zum Beispiel nur etwa halb so viel Eiweiß, fast kein Fett und dreimal soviel Kohlenhydrate. Ihr Eiweiß ist nicht so hochwertig und ihre Kohlenhydrate sind nicht so gut verdaulich wie die der Sojabohne. Das soll unsere einheimischen Hülsenfrüchte keinesfalls abwerten, jedoch läuft die Sojabohne ihnen allen den Rang ab, wenn es darum geht, Quellen zu finden, die den weltweiten Bedarf an preisgünstigem und hochwertigem Eiweiß auf lange Sicht decken können. Wie vielseitig die kleine Wunderbohne ist, lesen Sie im nächsten Kapitel.

Soja – der Alleskönner

Wenn der Name »Soja« genannt wird, denkt man vielleicht nur an einige wenige Produkte, wie zum Beispiel an Sojaöl, Viehfutter oder gar an »Kunstfleisch«. Die kleine Wunderbohne begegnet uns im täglichen Leben jedoch praktisch überall. Die Industrie verwendet Sojamehl und -schrot, isoliertes Sojaeiweiß, Sojaöl und Sojalezithin sowohl für eine Menge technischer Produkte als auch in der Nahrungsmittelproduktion. Wem würde es schon einfallen, daß Soja in Klebstoffen (für Sperrholz, Tapeten, Kartonagen), Linoleum, Farben, Feuerlöschern, Kunstdruckpapier und -farben, Seifen und Maschinenölen enthalten ist – um nur einige wenige Beispiele zu nennen. Auch als Emulgator zum Beispiel in der Kosmetik- und Textilindustrie, als Imprägnierungsmaterial für Textilien und Papier, als Dispersionsmittel in der Farben- und Tintenherstellung, als Antischaummittel in der Hefe-, Bier- und Schnapsgewinnung und als Trägerstoff für pharmazeutische Produkte wird es sehr geschätzt.
Doch nicht nur die technische Industrie verwendet Soja. In der Landwirtschaft wird es als hochwertiges Viehfutter in großen Mengen verbraucht. Die Lebensmittelindustrie verarbeitet viele Sojaprodukte. Es ist bekannt, daß Stärkungsmittel und Schokolade Sojalezithin enthalten. Doch ist Ihnen bewußt, in wie vielen anderen Nahrungsmitteln Sie sonst noch Soja essen? Es ist zum Beispiel in Frühstücksflocken, Fertiggerichten, Baby- und Kindernahrung, Suppen, Backwaren, Keksfüllungen, Bonbons, Süßwaren, Kaffee-Weißer, Margarinen, Mayonnaisen, Fritierfetten und Fischkonserven enthalten. Soja hat so viele verschiedene gute Eigenschaften, und die Industrie nutzt sie schon lange. Warum sollten wir im Haushalt länger auf diese Vorteile verzichten?
Die von der Industrie so häufig verwendeten Isolate, wie zum Beispiel reines Sojaeiweiß und -le-

zithin, sind für uns nicht erhältlich. Für die Vollwertküche verwenden wir ohnehin lieber die natürlichen Sojaprodukte, wie Bohnen, Mehl, Schrot, Öl, Tofu, Miso und Sojasauce. Es ist erstaunlich, was Soja auch in Form dieser Produkte alles kann.
Die küchentechnischen Vorzüge sind unter anderem: In Brot und Gebäck verbessern Sojamehl und -schrot die Haltbarkeit, die Farbe, die Kruste und die Toasteigenschaften. Durch das Wasserbindungsvermögen des Sojaproteins können wir Speisen ohne Stärke binden, zum Beispiel in Keksfüllungen oder Fruchtcremes für Kuchenbelag oder in kalten Saucen. Sojaeiweiß verbessert die Aufschlagfähigkeit von Hühnereiern. Isoliertes Sojaeiweiß steht uns Privatleuten für diesen Zweck nicht zur Verfügung, aber aus Sojamilch und Ei entstehen interessante Speisen mit reduziertem Eigehalt. Sojaöl und -mehl sind sehr gut zum Emulgieren von Mayonnaisen, Brotaufstrichen, Cremes und Teigen geeignet und lassen sie länger frisch bleiben. Sojaöl wird als geschmacksneutrales Öl gern benutzt, wenn der Eigengeschmack der übrigen Zutaten erhalten bleiben soll. Es ist daher auch der ideale Grundstoff für Aroma- und Würzöle, und es macht Brat- und Fritiergut besonders knusprig. Mit Tofu (Sojaquark) läßt sich fast alles machen. Weil er nur wenig Eigengeschmack hat, nimmt er alle Würzstoffe dankbar auf. Seine interessante Konsistenz erlaubt die verschiedensten Verarbeitungen. Miso kann beim Salzen, Würzen und leichten Binden von Suppen und Saucen gute Dienste leisten. Sojasauce ist das Würzmittel Nummer 1 in der fernöstlichen Küche. Auch bei uns rundet sie den Geschmack aller Speisen, die gesalzen werden sollen, angenehm ab.
Mit Soja zu kochen und zu backen ist sowohl küchentechnisch als auch geschmacklich und vor allem für die Gesundheit so interessant und angenehm, daß Sie diese Vorzüge bald nicht mehr missen möchten. Was Soja für unsere gesunde Ernährung alles tun kann, erfahren Sie im nächsten Kapitel.

Warum Soja?

Der Gedanke, mit Soja zu kochen, ist bei uns relativ neu. In Ostasien jedoch sind Sojabohnen schon seit Jahrtausenden die Grundlage der Ernährung. In China und Japan sind viele Millionen Menschen ohne den Genuß von Fleisch, Eiern, Milch und Käse gesund und leistungsfähig. Dabei werden gerade diese Nahrungsmittel bei uns oft für unentbehrlich gehalten. Die weitgehend vegetarisch lebende Bevölkerung dort deckt ihren Eiweißbedarf mit Sojabohnen und natürlichen Produkten daraus.
Für die vegetarische Ernährung bei uns bietet Soja einen ausgesprochenen »Sicherheitsfaktor«. Es enthält etwa dreimal soviel Protein wie Fleisch- und Wurstwaren im Durchschnitt. Bei einer Ernährung mit Soja kann also kein Mangel entstehen (Soja verhindert auch das Risiko von Eisenmangel bei vegetarisch ernährten Kindern). Noch bedeutsamer ist jedoch die Qualität des Sojaproteins. Eiweiß besteht aus Aminosäuren, den »Bausteinen des Proteins«. Es gibt etwa dreißig, acht davon sind essentiell, das heißt lebensnotwendig. Sie müssen täglich in der Nahrung enthalten sein und werden direkt verwertet, um körpereigenes Eiweiß aufzubauen. Soja enthält alle acht essentiellen Aminosäuren und nimmt deshalb unter den pflanzlichen Produkten eine Sonderstellung ein. Es ist genauso gut verwertbar wie das Eiweiß von Milch, Käse oder Hühnerfleisch.
Da man fast immer mehrere Lebensmittel zusammen verzehrt, ergibt der Vergleich einzelner Lebensmittel ein schiefes Bild. Die Aminosäuren der einzelnen Lebensmittel können sich gegen-

seitig meist gut ergänzen, weshalb der Wert des Gesamteiweißes einer Mahlzeit höher liegt als der Durchschnitt der einzelnen Eiweiße. Dadurch entsteht der Effekt, daß nicht so vollwertige Eiweißstoffe durch vollwertige ergänzt oder aufgewertet werden. Sojaeiweiß wertet durch seinen Gehalt an Lysin (einer essentiellen Aminosäure) zum Beispiel das Getreideeiweiß, das selbst arm an Lysin ist, um etwa 30% auf. Da Getreide fast überall Grundlage der Ernährung ist, ist dieser Aspekt besonders interessant. Meist werden Soja- und Getreideprodukte bei einer Mahlzeit zusammen gegessen oder in einem Nahrungsmittel zusammen verarbeitet. Diese Kombination steigert die Verwertbarkeit des Proteins im Körper: es wird besser ausgenutzt als tierisches Eiweiß.

Die vorherrschende Meinung, daß tierisches Protein wertvoller als pflanzliches sei, ist also eine sehr oberflächliche Feststellung. Denn wenn man verschiedene pflanzliche Eiweißarten kombiniert, kann man eine hochwertigere Eiweißmischung erhalten als mit reinem Pflanzeneiweiß. Sie wird auch von der außerordentlich guten Gesundheit so vieler Vegetarier in Fernost, bei denen Soja schon lange die Ernährungsgrundlage ist, Lügen gestraft. Soja bietet jedoch viel größeren Bevölkerungskreisen seine Hilfe an, wenn es darum geht, die heute üblichen Ernährungsfehler zu vermeiden, vor allem den zu hohen Fleischkonsum. Viele Befürworter der Vollwertkost haben gar nichts gegen Fleisch, aber was bei uns davon konsumiert wird, ist einfach zuviel. Nach dem Ernährungsbericht der Deutschen Gesellschaft für Ernährung von 1980 hat sich der Fleischkonsum in den letzten 30 Jahren verfünffacht. Gemäß dem Bericht von 1984 ist der Fleischverbrauch zwar seit 1980 etwas rückläufig, jedoch im Durchschnitt immer noch sehr hoch. Schon im Bericht von 1976 wurde darauf hingewiesen, daß die »Umstellung auf tierisches Protein keine Verbesserung der deutschen Ernährung bedeutet«. Stattdessen ergeben sich Nachteile durch einige Substanzen tierischer Proteine. Purinstoffe begünstigen zum Beispiel Gicht und Nierensteine. Außerdem ist tierisches Eiweiß praktisch immer an mehr oder weniger große Mengen tierischen (versteckten) Fettes gebunden. Das trägt sehr zu dem zu hohen (20% zuviel) Kalorienverbrauch bei. Bei Soja ist das Verhältnis Protein zu Kalorien günstig (in besonderem Maße bei Tofu und Sojasprossen). Andererseits wird im Ernährungsbericht darauf hingewiesen, daß die Proteinaufnahme bei Jugendlichen zwischen 7-18 Jahren (vor allem bei Mädchen) deutlich unter den Empfehlungen der DGE liegt.

Vermehrter Konsum von Soja und Sojaprodukten mit einer gleichzeitigen Verringerung des Fleischverzehrs würde für alle diese Probleme schnell Abhilfe schaffen. Der Ernährungsbericht weist ausdrücklich darauf hin, daß in Zukunft pflanzlichen Proteinquellen wesentlich mehr Aufmerksamkeit gewidmet werden muß. Das wäre auch eine vielversprechende Möglichkeit, ein noch größeres Problem zu lösen: die Welternährungskrise. Die Einschränkung des Fleischkonsums zugunsten der Verwendung von Soja und Getreide in der westlichen Welt würde eine bessere Ausnutzung des Eiweißpotentials der Erde bedeuten. 7–10 kg Eiweiß aus Pflanzen, die auch direkt als menschliche Nahrung dienen könnten, werden gebraucht, um etwa ½ kg Eiweiß aus Fleisch zu erzeugen. Dabei ist der Anbau von Soja im Hinblick auf die Eiweißproduktion quantitativ und qualitativ effektiver als der Anbau jeder anderen Feldfrucht.

Für die menschliche Ernährung ist Soja auf jeden Fall eine sehr interessante Alternative, wobei es das tierische Eiweiß keineswegs ganz ersetzen oder verdrängen soll. Aber im Hinblick auf die heutige Ernährungssituation in der Welt könnte Soja durchaus einmal eine ähnliche Rolle spielen wie die Kartoffel bei uns seit dem 18. Jh.

Wichtiges über Soja

Auf die Frage »Warum Soja?« gibt es jedoch noch eine interessante Antwort. Es werden so viele günstige Wirkungen bei den verschiedensten Gesundheitsproblemen berichtet, daß ich einige davon hier unbedingt nennen muß. In Hongkong soll die preiswerte und allgemein beliebte Sojamilch zur fast völligen Ausrottung von Beriberi und Pellagra, beides Vitamin B-Mangelerkrankungen, beigetragen haben, die vor dem 2. Weltkrieg die Todesursache Nummer eins waren. Sojabohnen enthalten nämlich besonders viel von den B-Vitaminen. In den Tropen wurden mit einer Mischung aus Soja, Bananen und Vitaminen gute Erfahrungen im Kampf gegen Kwashiorkor (eine Eiweißmangelkrankheit) gemacht. Doch wie ist es bei uns? Von Lezithin ist allgemein bekannt, daß es die Nerven- und Gehirnfunktionen bessern und wieder aufbauen kann. Für lezithinhaltige Stärkungsmittel (dabei handelt es sich praktisch immer um Sojalezithin) wird viel Geld ausgegeben. Wenn Sie Gerichte aus Sojabohnen oder Sojamehl verzehren, bekommen Sie Lezithin umsonst dazu (diese Produkte enthalten 2% Lezithin, aber auch alle anderen Sojaprodukte enthalten Lezithin). Das hochwertige Sojaprotein kann als Ersatz für die Kuhmilch bei Unverträglichkeit von Milcheiweiß (zum Beispiel bei Säuglingen) als Sojamilch (nach Rücksprache mit dem Kinderarzt) oder als fertige Flaschennahrung auf Sojabasis (Multival +) gegeben werden. Bei Ekzemen und anderen Hautkrankheiten von Kindern wurden ebenfalls schon gute Erfahrungen mit Soja als Milchersatz gemacht. Sojaeiweiß hilft allgemein bei Überempfindlichkeit (Allergie) gegen tierisches Eiweiß, denn es ist sehr gut verträglich. Auch in der Leberdiät ist Sojaprotein äußerst wertvoll; weitere Pluspunkte sind hier das ungesättigte, leberfreundliche Fett, die B-Vitamine und das Lezithin. Alle Krankheiten, die von einem starken Verbrauch an Nähr- und Wirkstoffen begleitet werden, sollen mit Soja günstig zu beeinflussen sein: Tuberkulose, Infektionen, Anämien, Erschöpfungszustände, Rekonvaleszenz, Unterfunktion der Hormon- und Verdauungsdrüsen, Krebs und Strahlenschäden werden in diesem Zusammenhang genannt.

In der Schwangerschaft und Stillzeit, aber auch in der Alterskost ist Soja eine wertvolle Nahrungsergänzung. Für die kochsalz-, harnsäure- und cholesterinarmen Schonkostarten bieten sich die Sojaprodukte an, weil sie alle diese Stoffe nicht oder nur in geringem Maße enthalten. Nieren- und viele Hautkrankheiten, Rheuma, Gicht, Angina pectoris, Arteriosklerose, hoher Blutdruck und Gallensteine gehören dazu. Nicht zuletzt ist Soja für Diabetiker wertvoll. Der Kohlenhydratanteil von Soja enthält fast keine Stärke. Es handelt sich um unverdauliche Kohlenhydrate und leicht abbaubare Zuckerarten (Stachyose, Arabin, Galaktan). Für 100 g Vollsojamehl wird 1 BE angegeben. Soja ist im Gegensatz zu vielen anderen Eiweißquellen nicht säure-, sondern basenüberschüssig.

Soja hat einen höheren Anteil an Mineralstoffen als die meisten anderen Lebensmittel (4,5–6%), das ist 7mal mehr als bei Milch, 5mal mehr als bei Fleisch und Eiern, 3mal mehr als bei Getreide. Besonders erwähnenswert ist der Eisenanteil von durchschnittlich 12 mg pro 100 g und der Magnesiumgehalt, der 20mal so hoch liegt wie der Durchschnitt anderer Lebensmittel. Soja enthält die Vitamine B 1, E und Folsäure (nach dem Ernährungsbericht der Deutschen Gesellschaft für Ernährung sind das bei uns kritische Vitamine) in überdurchschnittlichen Mengen.

Warum Soja? Eine weitere Antwort lautet: Gesunde Ernährung mit Soja ist preiswerter als mit den meisten anderen Proteinquellen. Gerichte mit Sojabohnen und Sojamehl kosten nur einen Bruchteil von vergleichbaren Fleischgerichten.

Soja – ein vielfältiges Angebot

Bild 3. Umschlagseite

Als unsere japanischen Freunde mir erzählten, was es in ihrer Heimat an Sojaprodukten alles gibt, wurde ich fast ein bißchen neidisch. Jedoch, wir leben nicht in Japan, und auch hier können wir eine ganze Reihe preiswerter und vorzüglicher Sojaprodukte kaufen. Aus gelben, roten und grünen Sojabohnen, Sojaschrot, vollfettem und fettarmem Sojamehl, Sojamark, Sojamilch, Tofu, Miso, Sojasauce und Sojaöl kann man so viele verschiedene Speisen zubereiten, daß es gar nicht einfach war, die besten für dieses Kochbuch auszuwählen.

Nicht genug kann man betonen, daß Soja kein Ersatz für irgend etwas in der üblichen Küche sein soll. In Ostasien war und ist Soja nie Ersatz, sondern entweder Grundlage der Ernährung oder, bei westlich orientierter Küche, weiterhin geschätzte Ergänzung. Es soll die bekannten Milch- und Fleischprodukte nicht verdrängen, sondern eine wertvolle, interessante und schmackhafte Erweiterung des Angebotes sein.

Gelbe Sojabohnen: Gelbe Sojabohnen werden bei uns am häufigsten gebraucht. Sie sind der Rohstoff für Sojamehl, Sojaöl, Sojamark, Sojamilch und Tofu. Roh enthalten sie wie alle Bohnen (auch unsere grünen) einen giftigen Stoff, einen Trypsinhemmer. Er wird jedoch, genau wie bei allen anderen Bohnenarten, durch Kochen oder eine andere Hitzebehandlung völlig ausgeschaltet. Butterweich gekocht (Rezept Seite 21), haben Sojabohnen einen feinen, milden Geschmack, der ein wenig an Hühnerfleisch erinnert. Das Fett (18%) in den Sojabohnen und im Mehl daraus ist cholesterinfrei, feinstverteilt und daher leicht verdaulich.

Rote Sojabohnen/Azukibohnen: Rote Sojabohnen oder Azuki (sprich: Asuki) sind ziemlich teuer und das nicht nur bei uns. In Japan werden sie deshalb und weil sie so gut schmecken »rote Diamanten« genannt. Man verwendet sie dort vorwiegend für süße Gerichte, die an Festtagen serviert werden, und zum Rotfärben von Speisen. Azukibohnen sind schneller gar als gelbe Sojabohnen. Sie schmecken vorzüglich und sollen auf die Nieren und das Bindegewebe günstig wirken. Da man jeweils nur eine kleine Menge braucht, fällt der hohe Preis nicht so ins Gewicht.

Grüne Sojabohnen/Mung- oder Mungobohnen: Grüne Sojabohnen (Mungobohnen) werden bei uns als Saatgut für selbstgezogene Sojasprossen benutzt. Lassen Sie sich von den sachlichen Bezeichnungen »Saatgut« und »selbstgezogen« nicht abschrecken. Das Verfahren ist so einfach und braucht so wenig Zeit, daß es auch der Eiligste durchführen kann. Anleitung auf Seite 19.

Sojamehl: Sojamehl wird aus gelben Sojabohnen gewonnen, die nach einem schonenden Verfahren von den Schalen, den Bitterstoffen und dem Trypsinhemmer befreit wurden. Deshalb kann es auch ungekocht verwendet werden. Vollfettes Sojamehl ist in Deutschland seit etwa 40 Jahren im Gebrauch. Es ist als Vollsoja und (teilentfettet) als Soja fettarm in den Reformhäusern erhältlich. Das Vollsojamehl der Firma Lima ist durch Rösten vom Trypsinhemmer befreit worden, entspricht aber durch den veränderten Geschmack eher dem japanischen Kinako, das dort für süße Speisen verwendet wird. Es ist deshalb nicht für alle Rezepte mit Vollsojamehl aus diesem Buch geeignet. Von delisana zur Zeit angebotenes Sojamehl aus entfetteten, entbitterten Sojabohnen ist wegen seiner groben Ausmahlung für die meisten Rezepte dieses Buches nicht verwendbar. Lassen Sie sich von der Bezeichnung »Mehl« nicht irreführen. Sojamehl hat eine ganz andere Zusammensetzung der Nährstoffe als zum Beispiel Weizenmehl und wird daher in der Küche auch ganz anders verwendet. Das Sojaeiweiß kann viel Wasser binden. Wundern Sie sich daher nicht über höhere Flüssigkeitsmengen als in vergleichbaren Rezepten. Sojabohnen, -mehl und -schrot eignen sich für Gerichte mit feiner, milder Geschmacksnote.

Sojamark: Sojamark (außer dem selbstgemachten hellen Sojamark) ist am besten für pikante, würzige Zubereitungen geeignet. Für Sojamark (manchmal auch Sojafleisch genannt) gibt es verschiedene Herstellungsverfahren. Nicht alles Sojamark ist TVP (Texturiertes Vegetabiles Protein), das wir für die Vollwertküche ablehnen müssen: TVP wird hauptsächlich in den USA aus den Extraktionsschroten, die bei der Ölgewinnung abfallen, hergestellt. Das Protein wird herausgelöst, aufgelöst und wie Kunstfasern versponnen. So erhält man ein fleischähnliches, fast fettfreies Produkt, das jedoch infolge des hohen Aufwands an Chemie und Technologie von einem Vollwertlebensmittel weit entfernt ist.

Die Vorzüge von Sojamark – die vielseitige Verwendbarkeit, die gute Lagerfähigkeit und den hohen Eiweiß- bei extrem niedrigem Fettgehalt – können wir auch genießen, ohne das umstrittene TVP zu kaufen. Einige Reformfirmen haben eine andere Herstellungsmethode entwickelt, bei der zum Beispiel durch Pressung (ohne Chemie) entfettetes Sojamehl in einem schonenden physikalischen Verfahren geformt wird. Im Handel ist Sojamark als »Bröckchen« oder Würfel und als gekörntes beziehungsweise granuliertes Sojamark (Hackfleischart). Daß die Rohstoffe laufend auf Rückstände kontrolliert werden, versicherten auf Anfrage alle Hersteller. Auf Nummer Sicher gehen Sie mit Sojamark aus eigener Produktion, die Rezepte finden Sie auf Seite 20.

Sojamilch: Sojamilch wird aus gequollenen, zerkleinerten gelben Sojabohnen und Wasser hergestellt. In Reformhäusern gibt es sie in Tüten unter dem Namen »Sojadrink«, in Naturkostläden bekommt man sie in Gläsern. Selbstgemachte Sojamilch (Rezept Seite 22) muß aromatisiert werden. Den leichten Sojageschmack bekommt man bei der Eigenproduktion nicht ganz weg. Sie werden sich aber schnell daran gewöhnen. Wer viel Sojamilch trinkt, bekommt eine schöne Haut; bei stillenden Müttern wird die Milchbildung angeregt.

Tofu: Tofu (Sojaquark oder -käse) wird aus frischer heißer Sojamilch mit einem Gerinnungsmittel (ganz ähnlich wie unser Käse) hergestellt. Das ist möglich, weil das Sojaeiweiß dem Kasein der Milch mehr gleicht als jeder andere Eiweißstoff. Wer Tofu selbst machen möchte, findet das Rezept auf Seite 24. Frisch und hausgemacht schmeckt Tofu natürlich am besten. Man kann ihn jedoch jetzt auch in guter Qualität kaufen. Tofu nahm lange Zeit in Ostasien die gleiche Stellung ein wie bei uns das Fleisch. Trotz der Einführung westlicher Ernährungsgewohnheiten wird Tofu dort immer noch sehr gerne gegessen und unter anderem auch »kurz vor dem Ersten« wegen seines niedrigen Preises geschätzt. Wenn es im Sommer so heiß ist, daß man keinen Appetit hat, essen die Japaner eisgekühlten Tofu, mit geriebenem frischem Ingwer bestreut und mit Sojasauce übergossen. Im Winter wird er in heißen Suppen, besonders der beliebten Misosuppe (Rezept Seite 26) gegessen. Darüber hinaus gibt es unzählige japanische Tofurezepte. Tofu hat ein neutrales, cremeartiges Aroma fast ohne Eigengeschmack und läßt sich in nahezu alles verwandeln. Er ist sehr leicht verdaulich, denn die groben Fasern und die wasserlöslichen Kohlenhydrate sind in ihm nicht mehr enthalten.

Der gefriergetrocknete Tofu, der in Naturkostläden manchmal angeboten wird, wird in den Rezepten dieses Buches nicht verwendet. Er ist zwar vorzüglich als leicht verdauliches Protein im Proviant, aber sonst wenig geeignet, die Liebe zu Tofu zu wecken. Mehr darüber lesen Sie auf Seite 16. 100 g Tofu haben nur etwa 85 Kalorien. Tofu ist die ideale Schlankheitskost. Für die Ernährung von Kleinkindern, alten Menschen und

Verdauungsschwachen eignet er sich bestens. In Japan wird er bei Diabetes, Herzkrankheiten, Arterienverkalkung und verschiedenen Kreislaufkrankheiten ärztlich verordnet. Wenn er mit Nigari (Kalziumchlorid), dem traditionellen japanischen Gerinnungsmittel hergestellt ist, enthält er außerdem etwa 23% mehr Kalzium als die Kuhmilch. Das ist unter anderem günstig für die Zähne und die Knochen. Wer Tofu einmal kennengelernt hat, wird das angenehme, überhaupt nicht belastende Sättigungsgefühl nach seinem Genuß nicht mehr missen wollen.

Miso: Ein weiteres Produkt, das besondere Beachtung verdient, ist Miso. Miso besteht aus zerkleinerten, meist mit Getreide fermentierten Sojabohnen. Diese Sojabohnenpaste ist ein schmackhaftes und eiweißreiches Allzweckgewürz. In Japan unterscheidet man rotes und weißes Miso. Von beiden gibt es viele Arten. Bei uns ist nur rotes Miso erhältlich, das wegen seines ziemlich hohen Salzgehaltes die lange Seereise und das Warten auf Kundschaft in einem Geschäft ohne Verluste übersteht. Besonders wertvoll ist das Hatcho-Miso, das fast schwarz ist, weil es einen langen Fermentationsprozeß (18–36 Monate) hinter sich hat. Hier wird es oft nur unter dem Namen »Miso« verkauft, Sie erkennen es an der Farbe. Japanische Feinschmecker loben das würzige Aroma, die feine, milde Süße und den etwas strengen Geschmack des Hatcho-Miso. Es enthält etwa 21% Eiweiß, 12% Kohlenhydrate und 10% Salz. Vollreis-Miso wird in 6–12 Monaten fermentiert, ist heller (rotbraun) und dem Sojabohnen-(Mame-) und Gersten-(Mugi-) Miso ähnlich. Diese Misosorten enthalten etwa 13% Eiweiß, 20% Kohlenhydrate und 13% Salz. Besonders das Vollreis-Miso schmeckte uns als Brotaufstrich (dunkles Vollkornbrot mit Butter und dünn mit Miso bestrichen und mit Scheiben von frischen oder eingelegten Gurken belegt). Für den Anfang genügt es, sich Hatcho-Miso und eine der drei oben angeführten Sorten zu besorgen. Sie sind in den Rezepten notfalls untereinander austauschbar. Außerdem gibt es noch die Gruppe der »Fingerschleck-Misos«. In Japan kommen diese nur als Gewürz auf den Tisch, dem westlichen Geschmack sagen sie jedoch sehr zu. Gemüse und Algen werden hier mitfermentiert. Sie sind teurer als die anderen Misosorten. Aus dieser Gruppe habe ich das »Natto-Miso« (bestehend aus Sojabohnen, ganzen Gerstenkörnern, Ingwer und Kombu-Algen) in zwei Rezepten (Seite 26 und 49) vorgestellt. Mit der Zeit wird sich Ihr Vorrat an Misosorten sicher erweitern, und Sie werden die verschiedenen feinen Unterschiede im Aroma kennenlernen; und nicht nur sie, sondern vor allem die günstigen Wirkungen auf die Gesundheit. Ein bekanntes japanisches Sprichwort sagt, daß täglich eine Schale Misosuppe den Doktor fernhalte. Misosuppe wird bei Erkältungen, einem Kater oder einem verdorbenen Magen und vielen anderen »Wehwehchen« gegessen. Zum Würzen anderer Zutaten benutzt, fördert es deren Verdaulichkeit.

Im Miso-Buch der Japanerin Akiko Aoyagi und des Amerikaners William Shurtleff werden so viele glaubhafte Wirkungen von Miso berichtet, daß es unmöglich ist, hier auch nur einen Überblick zu geben. Daß Miso so gesund ist, wundert nicht, denn bei dem langen Fermentationsprozeß in Salz überleben nur die stärksten Milchsäurebakterien, Verdauungsenzyme, salzresistenten Hefen und Mikroorganismen, die ihre segensreiche Arbeit dann im Darm fortsetzen können. Deshalb sollten Sie beim Einkauf von Miso darauf achten, nicht sterilisiertes Miso in Gläsern zu bekommen. Die Importeure bemühen sich, in Zukunft nur noch solche Misos (und auch biologische) einzuführen statt der in Plastikfolie sterilisierten. Hatcho-Miso kann übrigens auch in Plastikfolie geschweißt nicht sterilisiert sein. Das lebendige, nicht erhitzte Miso erkennen Sie sofort am viel feineren Geschmack

und an dem im ersten Moment etwas unangenehmen, an Sauerkraut erinnernden Geruch, wenn Sie ein Glas öffnen.
Sojasauce: Noch wichtiger ist es bei Sojasaucen, auf die Qualität zu achten. Die meisten Produkte, die in den Lebensmittelgeschäften verkauft werden, sind innerhalb weniger Tage in großen Fabriken hergestellt. Ihre Herstellung ist weit entfernt von der natürlichen und langen Fermentation der Sorten Shoyu und Tamari aus Sojabohnen, Salz und Quellwasser. Beide Sorten können Sie verwenden, wenn in den Rezepten Sojasauce angegeben ist. Shoyu enthält etwa 7% Eiweiß und 19% Salz. Gelegentlich werden in den Rezepten auch die Pilz-Sojasauce (Neuco) und die Indonesische Sojasauce (Guadalquivir) verwendet, beide im Reformhaus erhältlich. Mit Miso und Sojasauce sollte man so würzen, daß der Salzgehalt des fertigen Gerichtes dem üblichen entspricht. Sollte es aber einmal etwas zu salzig werden, keine Sorge, das Salz soll durch den langen Gärprozeß nicht so starke nachteilige Wirkungen haben wie reines Koch- oder Meersalz.
Sojaöl: Das Sojaprodukt, das in der üblichen Küche am meisten verwendet wird, ohne daß man es weiß, ist das Sojaöl. Es wird als Speise-, Delikateß- und Tafelöl verkauft, ist Bestandteil vieler Margarinen und Fritierfette, und es wird in allen Bereichen der Back- und Süßwarenindustrie verarbeitet. Es ist jedoch meist nicht als Sojaöl kenntlich gemacht, was wohl auf das Negativ-Image, das Soja seit dem Krieg und der Nachkriegszeit anhaftet, zurückzuführen ist. Qualitativ hat Sojaöl nichts zu verbergen, denn es enthält 60% mehrfach ungesättigte Fettsäuren, größtenteils Linolsäure. Der neutrale Geschmack und die leichte Verdaulichkeit machen es für die Zubereitung von Salaten, zum Braten, Backen und Fritieren gut geeignet. 8 kg Sojaöl pro Jahr und Person werden in der Bundesrepublik verzehrt. Das meiste davon wird durch Extraktion gewonnen. Jedoch bekommt man in den Naturkostläden und Reformhäusern ein

Die Nährwerte der Sojaprodukte

in jeweils 100 g sind enthalten:	Eiweiß g	Fett g	Kohlenhydrate g	Joule	Kalorien
Sojabohnen, gelb	37,0	18,0	27,0	1756	418
Vollsojamehl	37,3	20,6	26,4*)	1848	440
Sojamehl, fettarm	43,4	6,7	36,6	1596	380
Sojamark	50,0	1,0	33,0	1430	340
Sojamilch, nicht aromatisiert	3,4	1,5	1,0	130	30
Tofu	10,6	5,3	2,9	450	110
Okara	5,0	3,3	1,5	404	95
Miso (Hatcho-Miso)	21,0	10,2	12,0	940	225
Sojasauce (Shoyu)	6,9	1,3	9,5	325	80
Sojaöl	–	99,8	–	3775	900
Sojasprossen	3,8	0,5	–	104	26

Die Nährwerte können je nach Sorte und Anbaugebiet oder Verarbeitung schwanken.
*) nur 5–6% der Kohlenhydrate bilden Zucker, 100 g Vollsojamehl (= 1 BE)

hochwertiges gepreßtes Sojaöl, das sich in meiner Küche steigender Beliebtheit erfreut.
In diesem Zusammenhang noch ein kleiner Hinweis zum Thema Fett und Ernährung. Die schlimmsten Essenssünden unserer Zeit werden mit den Worten zusammengefaßt: zu fett, zu süß, zu viel. Mit Soja gelingt es, diese Fehler abzubauen. Für die Zubereitung wird im allgemeinen relativ wenig Fett gebraucht – in den Rezepten wurde bewußt darauf geachtet –, der Appetit auf Süßes geht bei regelmäßigem Genuß von Vollwertkost von selbst zurück, und der hohe Sättigungswert von Sojagerichten erlaubt kleinere Portionen. Die Mengen sind daher bewußt nicht zu groß berechnet.

Soja in der Vollwertküche

Gibt es immer noch Stimmen gegen Soja? Der unangenehme Beigeschmack von »Ersatznahrung« aus schlechten Zeiten wird schnell verfliegen, wenn Sie die ganz neuen Zubereitungen mit ihrem eigenständigen Charakter probieren. Außerdem war seinerzeit die Herstellung einiger Sojaprodukte noch nicht ganz ausgereift, weshalb es auch schwierig war, sie zu schmackhaften Speisen zu verarbeiten.
Da Sojabohnen ja heute in sehr großen Mengen angebaut werden, vermuten manche zuviel Chemie bei solcher Massenproduktion. Verantwortliche staatliche Stellen in Amerika halten jedoch ein wachsames Auge darauf, die Verwendung von Pflanzengiften zu vermeiden, weil Sojabohnen der Anfang der Nahrungskette sind.
Ein Vorwurf, der meist im Zusammenhang mit TVP (Texturiertes Vegetabiles Protein) gemacht wird, jedoch fast alle Sojaprodukte treffen würde, ist der angebliche Einsatz von Chemikalien bei der Ernte, um die Blätter der Pflanzen abfallen zu lassen. Dieser Vorwurf ist sicher ganz unbegründet, weil dafür überhaupt keine Notwendigkeit besteht. Bis die Samen (und das sind ja die begehrten gelben Sojabohnen) reif sind, sind die Blätter längst abgefallen, so daß die Bohnen dann bequem mit Mähdreschern geerntet werden können. Die Feldfrüchte aus der Familie der Leguminosen gehören ohnehin zu den unkompliziertesten. Sojabohnen sind sicher ein Nahrungsmittel mit geringem Schadstoffgehalt.
Manche lehnen auch alles ab, was bei uns nicht heimisch ist. Ohne eingeführte Nahrungspflanzen wäre unsere Ernährung jedoch ziemlich einseitig. Die verschiedensten Pluspunkte der Sojabohnen sprechen für sich. Und schließlich kann man bei uns biologisch gezogene Sojabohnen aus Österreich und Südfrankreich kaufen, wo sie sich offenbar gut eingebürgert haben.

Einkauf und Aufbewahrung

Alle auf den Seiten 11–14 beschriebenen Sojaprodukte bekommt man in Reformhäusern, Naturkostläden oder bei Naturkost-Versandfirmen, zum großen Teil in biologischer Qualität.
Wenn Sie Sojamilch und Tofu selbst machen wollen, lohnt es sich eventuell, die dafür benötigten gelben Sojabohnen (in biologischer Qualität) in größeren Mengen direkt bei der Sojaquelle (siehe Seite 100) zu beziehen und sie wie Getreide zu Hause zu lagern. Dort bekommen Sie auch Nigari, das Gerinnungsmittel für Tofu, falls Sie es nicht in Ihrem gewohnten Geschäft kaufen können. Sojabohnen sollten wie Getreide trocken, luftig und kühl aufbewahrt werden. Für die Qualität des Tofu ist es wichtig, von den Sojabohnen möglichst immer die neue Ernte für jeweils ein Jahr einzukaufen.
Sojamehle sollten genauso gelagert werden: trocken, luftig und nicht zu warm.
Sojamark bekommt man sowohl in Packungen im Reformhaus als auch »lose« in Naturkostläden und bei Naturkostversandfirmen. Größere

Bild rechts: Die neueste und einfachste Methode, Sojamilch selbst herzustellen. Rezept Seite 22.
Zum Bild auf Seite 18: Ein ideales Abendessen für Gäste ist die Quiche au soya. Rezept Seite 41.

Mengen können problemlos aufbewahrt werden; es gilt das gleiche wie für Bohnen und Mehl.
Sojamilch ist empfindlich wie Kuhmilch, sie säuert noch schneller und gehört unbedingt in den Kühlschrank. Dort hält sie sich 5 Tage frisch. »Sojadrink« ist länger haltbar, das Haltbarkeitsdatum gibt darüber Auskunft. Angebrochen sollte er innerhalb von etwa 2 Tagen verbraucht werden.
Beim Einkauf von Tofu sollte man ebenfalls auf das Haltbarkeitsdatum achten. Angebrochene Packungen müssen wieder gut verschlossen werden, eventuell gießt man etwas Wasser zu. Selbstgemachter Tofu muß mit Wasser bedeckt aufbewahrt werden (siehe Seite 25). Tofu gehört immer in den Kühlschrank. So hält er sich eine Woche frisch. Einfrieren kann man ihn nicht. Das heißt man kann es, doch man bekommt dann ein neues, verändertes Produkt, entsprechend dem gefriergetrockneten Tofu aus Japan, den es auch in Naturkostläden zu kaufen gibt. Im Gefriergerät wird der Tofu gelb und bekommt eine fleischähnliche Konsistenz. Man kann ihn dann nicht mehr für Rezepte mit normalem Tofu verwenden. Vor dem Einfrieren schneiden Sie ihn am besten in etwa 1 cm dicke Scheiben. Zum Auftauen legen Sie ihn in kochendheißes Wasser. Sobald der Tofu aufgetaut ist, nehmen Sie ihn heraus und drücken etwa die Hälfte des Wassers aus den Scheiben, die jetzt wie Schwämme sind. Man kann sie als Suppeneinlage verwenden, mit Sojasauce pur essen oder braten.
Die roten Misos, die bei uns erhältlich sind und die einen ziemlich hohen Salzgehalt haben, sollen bei Zimmertemperatur unbegrenzt haltbar sein. Ich ziehe die Lagerung im Kühlschrank vor, sie nehmen ja wenig Platz weg und halten dort wirklich unbegrenzt.
Sojasauce hält sich auch bei Zimmertemperatur unbegrenzt.
Sojaöl sollte dunkel und kühl gelagert werden, am besten im Kühlschrank oder im Keller.

Vor dem Kochen zu lesen

Dieses Mühlensymbol kennzeichnet alle Rezepte, für die Sie gemahlenes Getreide brauchen. Vollgetreide soll immer frisch gemahlen werden, denn sobald die Körner zerkleinert sind, beginnen wertvolle Bestandteile (Keimöl) zu oxidieren. Kleine Mengen Getreide kann man sich im Reformhaus oder Naturkostladen frisch mahlen lassen. Vor dem Kauf einer Getreidemühle sollten Sie sich beim Fachhandel, bei den Herstellern oder im Handbuch (siehe Seite 100) gut informieren.

- Gekochte gelbe Sojabohnen werden für viele Rezepte dieses Buches gebraucht. Es ist praktisch, sie auf Vorrat zu kochen (Rezept Seite 21). Die Garzeit der Bohnen ist in der Zubereitungszeit entsprechender Rezepte nicht enthalten.
- Sojamark (Würfel) kann selbstgemacht (Seite 20) oder gekauft werden. Wenn in Rezepten mit Sojamark kein Hinweis auf das Grundrezept steht, gilt bei den Zutaten das Gewicht für gekauftes trockenes Sojamark.
- Wertschonende Zubereitung ist sehr wichtig: Kochen Sie also Gemüse, Kartoffeln und so weiter in wenig Wasser und bei kleiner Hitze; Vitamine und Mineralstoffe werden geschont. Braten Sie vegetarische Speisen ebenfalls nicht so heiß, wie von Fleischgerichten gewohnt; sie »verbrennen« rascher. Vermeiden Sie Obst und Gemüse aus Konserven (Hitzebehandlung, Salz- bzw. Zuckerzusatz); kaufen Sie in Ausnahmefällen Reformqualität.
- Kräuter, die bei den Zutaten als exakteres Maß in Eßlöffeln angegeben sind, sollten immer erst kurz vor Verwendung gewaschen und zerkleinert werden.
- Es wurden in den Rezepten Eier der Größe 3 (Handelsklasse) verwendet.

Alle Rezepte dieses Buches sind, wenn nicht anders angegeben, für 4 Personen berechnet.

Soja-Grundrezepte

Haben Sie sich schon einmal eine eigene Kuh gewünscht, die täglich frische Milch liefert? Für die meisten von uns ist das ein unerfüllbarer Traum. Aber mit einem Sack Sojabohnen im Haus und wenigen Küchengeräten, die sowieso vorhanden sind, können Sie jederzeit frische Milch selbermachen und preiswert fettarmen Quark herstellen, der sich außerordentlich vielseitig verwenden läßt. Die Japaner und Chinesen genießen die Vorzüge dieser umweltfreundlichen und wirtschaftlichen Erzeugung von gesundem, hochwertigem Eiweiß schon seit langem. In vielen kleinen Tofureien werden täglich frische Sojamilch und frischer Tofu (Sojaquark- oder -käse) hergestellt, heute auch in vielen Großbetrieben. Den Rückstand – der bei Ihrer eigenen Sojamilchproduktion genauso anfällt – bedenken die Japaner mit der ehrenden Vorsilbe »o«, er heißt Okara, was soviel wie »ehrenwerte Schale« bedeutet. Bei uns ist er die Grundlage für viele schmackhafte, kalorienarme Gerichte.

Welche Getreidemühlen auch Sojabohnen mahlen, erfahren Sie im Fachhandel, bei Mühlenherstellern oder im Getreidemühlen-Handbuch (siehe Seite 100).

Zunächst wollen wir uns aber in diesem Kapitel mit einigen anderen Sojaprodukten befassen, die Sie mit noch viel geringerem Aufwand selbst herstellen können. Der Vorteil: Sie kochen damit noch preiswerter, als das ohnehin – im Vergleich zum Fleischpreis – in der Sojaküche möglich ist.

Sojaschrot

Wenn Sie einen Mahlvorsatz zu Ihrer Küchenmaschine mit Stahl- oder Keramikkegelmahlwerk (System Messerschmidt) haben, können Sie die trockenen gelben Sojabohnen sowohl roh als auch geröstet grobmahlen. Entweder rösten Sie die Bohnen vor oder das Sojaschrot nach dem Mahlen.
Eine schwere Eisen- oder Edelstahlpfanne ohne Fett erhitzen, die Bohnen oder das Schrot hineingeben und bei mittlerer Hitze 10–15 Minuten unter häufigem Wenden rösten, bis die Schalen der Bohnen zu platzen beginnen oder das Schrot angenehm duftet. Die Pfanne vom Herd nehmen (der Inhalt röstet in der heißen Pfanne noch etwas nach).
Sojaschrot wird zum Backen verwendet. Man kann es auch fertig kaufen; das fertige Sojaschrot ist bereits geröstet.

Sojasprossen

Sojasprossen kann man ganz leicht selbst ziehen. Man braucht dazu die grünen Sojabohnen (Mung). Sie werden verlesen, das heißt alle beschädigten oder halben Bohnen werden aussortiert, denn sie würden während des Keimvorgangs faulen oder schimmeln. Zum Keimen eignen sich am besten ein 1-Liter-Weckglas oder eine Plastikschale mit passendem Klarsichtdeckel mit etwa 1 Liter Fassungsvermögen. In den Deckel der Plastikschale müssen an zwei Seiten Einschnitte gemacht werden. Es gibt solche Keimschalen preiswert im Samenfachhandel (Sperling). Auch ein Keimapparat (zum Beispiel Bio-Snacky) ist gut geeignet. 50–75 g Mungbohnen im Keimgefäß mit reichlich Wasser übergießen und 3–4 Stunden stehen lassen. Dann das Wasser abgießen: das Weckglas zuvor mit einem

Stück grobgewebten Stoffes (zum Beispiel Käseleinen) bedecken und diesen mit einem Gummiring befestigen; bei der Plastikschale durch die Deckelschlitze abgießen. Das Glas oder die Keimschale an einen dunklen Platz stellen oder mit einem Küchentuch zudecken. Morgens und abends durch das Tuch oder den geschlitzten Plastikdeckel reichlich Wasser zu- und sofort wieder abgießen (das Gefäß schräg halten).

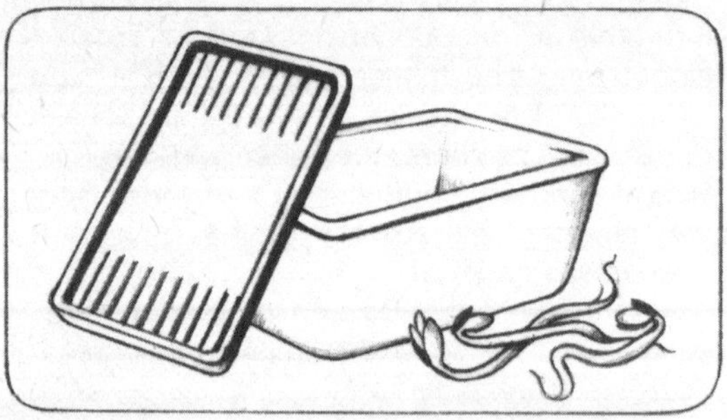

Keimschalen gibt es im Samenhandel. Man kann auch den Deckel einer Gefrierschale oder Plastikschachtel mit dickem Nagel und Hammer perforieren.

Nach 5 Tagen haben Sie etwa 250–300 g frische Sojasprossen. Sie müssen gründlich gewaschen werden, dann kann man sie zu Sprossensalat (Rezept Seite 54) oder Sprossengemüse (Rezept Seite 47) verarbeiten. Die Sojabohnenkeime sind sehr vitamin- und mineralstoffreich, leicht verdaulich, wohlschmeckend und enthalten sehr wenig Kalorien. Sprossensalat und -gemüse passen zu sehr vielen Gerichten, sie schmecken auch als Zwischenmahlzeit oder zum Abendessen, sollten also oft auf den Tisch kommen. Weitere Information über Keimsprossensalate in »Salate selbst gezogen« von Siegfried Stein (Gräfe und Unzer Verlag).
Eine neue praktische Idee ist der »Sprößling« von Sojaquelle (Siehe Seite 100): ein Stoffsäckchen mit einer sehr schmackhaften Samenmischung (auch Mungbohnen). Rezept Seite 54.

Helles Sojamark

Zutaten für etwa 400 g fertiges Sojamark:
50 g Vollsojamehl · 50 g Sojamehl fettarm · 1 gestrichener Teel. Kräutersalz · ½ Teel. Delikata · 1 Messerspitze Muskatblüte (Macis) · 2 Eier · 3 Eßl. Wasser · 1 l Wasser
1 gestrichener Teel. Koch- oder Meersalz

Pro Portion etwa 605 Joule/145 Kalorien,
14 g Eiweiß
Zubereitungszeit: 15 Minuten

Die beiden Sojamehle mit dem Kräutersalz und den Gewürzen mischen. Die Eier und 3 Eßlöffel Wasser zufügen und alles zu einem glatten, festen Teig verrühren. 1 l Wasser mit dem Koch- oder Meersalz zum Kochen bringen. Vom Teig mit zwei Teelöffeln kleine Klößchen abstechen oder formen (die Klößchen werden nach dem Kochen mindestens doppelt so groß sein!) Die Sojaklößchen zugedeckt 10 Minuten bei kleiner Hitze gar kochen. Mit einem Schaumlöffel herausheben. Das Kochwasser (etwa ½ l bleibt übrig) für eine Suppe verwenden.

Tip: Die Klößchen schmecken besonders gut in feinen Gemüsesuppen.

Dunkles Sojamark

Zutaten für etwa 400 g fertiges Sojamark:
50 g Vollsojamehl · 50 g Sojamehl fettarm · 2 Eier · 2 Eßl. Sojasauce · 1 Eßl. Wasser · 1 l Wasser · 1 gestrichener Teel. Koch- oder Meersalz

Pro Portion etwa 625 Joule/150 Kalorien,
14 g Eiweiß
Zubereitungszeit: 15 Minuten

Alle Zutaten – von Vollsojamehl bis 1 Eßlöffel Wasser – zu einem festen, glatten Teig verrühren; eventuell noch etwas Wasser zufügen.
1 l Wasser mit 1 Teelöffel Salz zum Kochen bringen. Mit zwei Teelöffeln von dem Teig kleine Klößchen abstechen und diese in 10 Minuten bei kleiner Hitze gar kochen. Die Kochbrühe als Grundlage für eine Suppe verwenden.

Tip: Das dunkle Sojamark kann statt des käuflichen Sojamarks in fast allen Rezepten verwendet werden (außer für mariniertes Sojamark, Seite 61). Die in den Rezepten mit Sojamark (Würfel) angegebene Vorbereitung, wie das Aufkochen mit Gewürzen und das Quellenlassen über Nacht, entfällt dann natürlich. Sie können die Hälfte der Gewürze, die sonst ins Einweichwasser kommen, mit den Sojamehlen mischen, bei salzhaltigen Gewürzen oder Sojasauce natürlich entsprechend weniger. Auf Vorrat kann man das selbstgemachte Sojamark nicht zubereiten. Bei der einfachen und schnellen Zubereitung ist es auch nicht notwendig. Das selbstgemachte Sojamark eignet sich besonders für warme Gerichte. Für Salate kann man es zwar auch verwenden, aber das gekaufte Sojamark hat mehr Festigkeit (mehr »Biß«).

Gekochte Sojabohnen

Die gekochten gelben Sojabohnen sind ein praktisch unverändertes natürliches Nahrungsmittel (siehe Seite 11), das oft auf den Tisch kommen sollte. Weil sie lange kochen müssen und die Menge für eine Mahlzeit eigentlich zu klein für den Schnellkochtopf (der hier gute Dienste leistet) ist, lohnt es sich, sie auf Vorrat zu kochen, im Kühlschrank aufzubewahren und innerhalb von 5 Tagen zu verbrauchen. Für ein Rezept mit gekochten Sojabohnen müssen Sie die halbe Menge getrocknete Bohnen rechnen. Notfalls kann man sie einfrieren, aufgetaut schmecken sie auch, sind aber in ihrer Struktur etwas verändert.

Zutaten für etwa 1100 g gekochte Sojabohnen:
500 g gelbe Sojabohnen · 1 l Wasser ·
1 gestrichener Teel. Koch- oder Meersalz ·
1 Eßl. Öl

Pro 100 g gekochte Bohnen etwa 880 Joule/
210 Kalorien, 18 g Eiweiß
Quellzeit: etwa 12 Stunden (über Nacht)
Garzeit: 2 Stunden oder im Schnellkochtopf
30 Minuten

Am Abend zuvor die Sojabohnen mit etwa 2 l Wasser einweichen (am praktischsten ist eine große Schüssel mit einem passenden Siebeinsatz). Am nächsten Tag das Einweichwasser abgießen (den Siebeinsatz herausheben) und die Bohnen mit frischem Wasser spülen. Im Einweichwasser sind Stoffe (Oligosaccharide), die Blähungen verursachen würden. Die gequollenen Bohnen mit 1 l Wasser, dem Salz und dem Öl (es verhindert das Hochkochen der Bohnen und ist unbedingt nötig) 2 Stunden kochen lassen, unter Druck 30 Minuten; nicht abdampfen! Die Bohnen sollen so weich sein, daß sie sich leicht mit der Zunge zerdrücken lassen. Im Wasserbad abkühlen und die nicht sofort benötigte Menge zugedeckt im Kühlschrank aufbewahren. Ein Edelstahlgefäß eignet sich am besten, da es die Kälte sehr gut aufnimmt. Das wenige verbleibende Kochwasser wird im Kühlschrank sulzig. Sie können es als Suppengrundlage verwenden.

Tip: Wenn es einmal sehr schnell gehen muß, können Sie gekochte gelbe Sojabohnen in der Dose kaufen.
Um die gekochten Sojabohnen für 4 aufeinanderfolgende Tage (Rezepte dazu im Kapitel

»Soja für Eilige« auf Seite 71–75) griffbereit im Kühlschrank zu haben, müssen Sie am Abend vor dem 1. Tag 750 g gelbe Sojabohnen in 2 l Wasser quellen lassen. Am 1. Kochtag gießen Sie das Einweichwasser ab und kochen die gequollenen Bohnen mit 1 l frischem Wasser in 30 Minuten unter Druck (Schnellkochtopf) gar. Dann heben Sie die Bohnen für den 1. Tag mit einem Schaumlöffel heraus, füllen die übrigen mit dem Kochwasser in ein geeignetes Gefäß (am besten in einen Edelstahltopf), kühlen im Wasserbad schnell ab und stellen den Topf in den Kühlschrank. An den folgenden Tagen stellen Sie das Gefäß mit den gekochten Bohnen nach der Entnahme der jeweils benötigten Menge immer wieder sofort in den Kühlschrank.

Süße gekochte Sojabohnen

Die süßen Sojabohnen sind die Grundlage einiger süßer Rezepte, sie werden aber auch in manchen pikanten Zubereitungen gebraucht. Sie schmecken sogar »pur« oder mit einer Frucht- oder Schokoladensauce. Allgemein und bezüglich der Aufbewahrung gilt das gleiche wie für die gekochten Sojabohnen im vorangegangenen Rezept, nur kann man hier den Schnellkochtopf nicht einsetzen.

200 g gelbe Sojabohnen · ½ l Wasser · 100 g Honig · 3 Messerspitzen Vanille

Pro 100 g gekochte Bohnen etwa 1000 Joule/ 240 Kalorien, 18 g Eiweiß
Quellzeit: etwa 12 Stunden (über Nacht)
Garzeit: 2 Stunden

Die Bohnen über Nacht in mindestens 1 l Wasser quellen lassen. Das Einweichwasser abgießen und die Bohnen mit frischem Wasser spülen. Die gequollenen Bohnen mit ½ l Wasser, dem Honig und der Vanille 2 Stunden bei kleiner Hitze weich kochen. Den Deckel eventuell ganz wenig offenlassen. Am Schluß haben sie eine hellkaramelbraune Farbe und einen feinen Honig-Vanille-Geschmack. Das Kochwasser können Sie als gesundes süßes Getränk verwenden.

Gekochte Azukibohnen

100 g Azukibohnen · ½ l Wasser · 1 Lorbeerblatt · 1 gestrichener Teel. Kräutersalz · 1 Messerspitze schwarzer Pfeffer

Insgesamt etwa 800 Joule/335 Kalorien, 10 g Eiweiß
Quellzeit: über Nacht
Garzeit: 20–25 Minuten

Die Bohnen mit dem Wasser und den Gewürzen am Abend zuvor einmal aufkochen und zugedeckt stehenlassen.
Am nächsten Tag die Bohnen mit dem Einweichwasser in 20–25 Minuten gar kochen. Auf einem Sieb abtropfen lassen, das Lorbeerblatt entfernen.

Sojamilch

Bild Seite 17

Diese Anleitung ist das Ergebnis einer langen »Versuchsreihe«. Sie brauchen folgende Geräte: eine Schüssel und eine dazu passende Edelstahlseihe (Durchschlag) von mindestens 2 l Fassungsvermögen (die Seihe muß ringsum Löcher haben), einen Topf oder Wasserkessel mit 3 l Fassungsvermögen, einen elektrischen Mixer aus Glas, einen großen Topf mit mindestens 5 (besser 6–7) l Fassungsvermögen, einen Sack aus feinem, dünnem, dichtgewebtem Baumwollstoff, in die Seihe passend, oder ein Geschirrtuch mit mittlerer Fadenstärke, einen großen Holzlöffel und einen Kartoffelstampfer oder einen Becher (zum Pressen).

Zutaten für etwa 2½ l Sojamilch:
300 g gelbe Sojabohnen • Wasser

Quellzeit: etwa 12 Stunden (über Nacht)
Zubereitungszeit: 30 Minuten
Garzeit: 5 Minuten

Am Abend zuvor die Seihe in die Schüssel stellen. Die Sojabohnen hineinfüllen und 1½ l Wasser darübergießen. Zugedeckt über Nacht quellen lassen.
Am nächsten Tag die Seihe mit den Bohnen aus der Schüssel heben, das Einweichwasser weggießen und die Bohnen in der Seihe gründlich abspülen. Den Topf oder Kessel mit 3 l Wasser zum Kochen bringen. Inzwischen den großen Topf auf den Herd stellen, die Seihe hineinhängen und mit dem Sack (den Sack über den Rand der Seihe stülpen) oder dem Geschirrtuch auslegen (Vorsicht beim Gasherd, daß das Tuch nicht Feuer fängt!). ¾ l kochendheißes Wasser in den Mixer füllen (wenn das für Ihren Mixer zuviel ist, müssen Sie in 4 Partien mixen), ⅓ der gequollenen Bohnen zufügen und 2 Minuten mixen (zwischendurch ausschalten je nach Anweisung des Herstellers). Den Inhalt des Mixers in die ausgelegte Seihe gießen, den Topfdeckel obenauf legen (damit es nicht abkühlt), wieder ¾ l kochendheißes Wasser und das 2. Drittel der Bohnen im Mixer feinmixen und in die Seihe gießen, noch einmal wiederholen, bis alle Bohnen verbraucht sind. Den Mixer mit dem restlichen heißen Wasser ausspülen, langsam unter Rühren in die Seihe mit dem Sojapüree gießen.
Die Herdplatte unter dem Topf auf mittlere Hitze einschalten. Das Püree in der Seihe rühren, bis es etwa die Konsistenz von weichem Grießbrei hat. Dann das Tuch oder den Sack zusammendrehen und von außen mit einem Kartoffelstampfer oder einem Becher ausdrücken und auspressen, so gut es geht. Die Seihe mit dem Rückstand herausheben. Den Topfdeckel wieder auflegen. Den Rückstand (das Okara) in die Schüssel füllen und zur weiteren Verwendung im Kühlschrank aufbewahren oder dämpfen (siehe Seite 25) oder einfrieren. Während Sie jetzt aufpassen, bis die Milch kocht und ab und zu umrühren (Vorsicht, sie kocht noch leichter über als Kuhmilch!), können Sie den Mixer, die Seihe und den Löffel kalt abspülen. Sobald die Milch kocht, auf kleine Hitze schalten (beim Elektroherd eventuell für kurze Zeit den Topf vom Herd nehmen), den Deckel schließen und die Milch 5 Minuten kochen lassen (ungekocht enthält sie den giftigen Trypsinhemmer, der sich in allen Bohnenarten befindet).
Die Milch entweder sofort zu Tofu weiterverarbeiten oder im Wasserbad kühlen. Für Trinkmilch mit 2 Eßlöffeln Honig oder braunem Zucker, 1 Prise Salz und 3 Messerspitzen Vanille aromatisieren und im Kühlschrank aufbewahren (wenn sie schnell gekühlt wird, hält sie 5 Tage frisch).

Variante: Dicke, cremige Sojamilch wird genauso hergestellt, nur mit je ½ l Wasser pro Arbeitsgang.

Tips zur Herstellung von Sojamilch

● Wenn Sie einen Mixer aus Kunststoff besitzen, müssen Sie bei der Sojamilch-Herstellung etwas anders vorgehen, da Sie den Mixer nicht mit kochendheißer Flüssigkeit füllen dürfen. Sie brauchen 2 Töpfe von je 5–7 l Fassungsvermögen. Im ersten bringen Sie ¾ l Wasser zum Kochen. Währenddessen mixen Sie die Sojabohnen, wie im Rezept beschrieben, fein, und zwar in 3 Partien mit je ¾ l warmem statt kochendheißem Wasser. Die pürierten Bohnen gießen Sie nacheinander in den Topf mit dem kochenden Wasser und erhitzen alles auf etwa 90 °C. Dabei häufig umrühren, denn die Masse kocht sehr leicht über! Dann das heiße Bohnenpüree auf einmal in die mit dem Sack oder Tuch ausgelegte Seihe auf dem zweiten Topf gießen. Weiter verfahren wie im Rezept.

- Wenn Sie keinen elektrischen Mixer haben, können Sie die Bohnen auch in einem Fleischwolf (Hand- oder Elektrobetrieb) zerkleinern: zweimal durch die feine Scheibe drehen. Das Püree mit 2 l kochendheißem Wasser gründlich verrühren, in die mit Tuch oder Sack ausgelegte Seihe gießen, das Gefäß vom Sojapüree mit dem restlichen Liter kochendheißem Wasser ausspülen, weiterverfahren wie in der obigen Anleitung.
- Spülen Sie alles gebrauchte Geschirr sofort oder recht bald, zuerst kalt, dann in heißem Wasser zum Beispiel mit Tofu-Molke oder dem gewohnten Spülmittel. Wenn Sie das Geschirr nicht rasch abspülen, verstehen Sie, warum Sojaeiweiß für Klebstoffe verarbeitet wird!
- Quälen Sie sich nicht ab, um aus dem Tuch oder Sack mit dem Sojapüree auch noch den letzten Tropfen Milch herauszupressen. Das Okara wird ja sowieso gegessen. Wenn Sie sehr viel Ausdauer bei diesem »Melken« entwickeln, müssen Sie eventuell bei meinen Okararezepten etwas mehr Flüssigkeit nehmen.
- Sollte sich auf dem Boden des großen Topfes eventuell etwas weißer Belag gebildet haben, hilft Einweichen mit Tofu-Molke, Auskochen mit Waschpulver oder das sofortige Dämpfen von Okara in diesem Topf unter Druck, falls ein Schnellkochtopf verwendet wurde.
- Damit sich der Aufwand lohnt, mache ich stets die 2–3fache Menge Milch hintereinander. Das kostet nicht etwa doppelt so viel Zeit, sondern im Verhältnis weniger. Ein Teil wird zu Tofu verarbeitet, der Rest als Milch verwendet, je nach Bedarf.

Tofu – Sojaquark oder -käse

Bild Seite 35

Wenn die heiße Sojamilch fertig auf dem Herd steht, ist das Tofumachen nur noch ein Kinderspiel. Sie brauchen dazu das (traditionelle japanische) Gerinnungsmittel Nigari und einen Tofu-Preßkasten oder eine Seihe mit einem passenden Deckel (der Deckel muß *in* die Seihe passen, nicht auf sie). Wenn Sie eine Kartoffelpresse wie auf dem Farbfoto (Seite 35) haben, können Sie auch diese benützen. Außerdem brauchen Sie ein in den Preßkasten oder die Seihe passendes Stück locker gewebten Baumwollstoffes, zum Beispiel Käseleinen.

Zutaten für etwa 700 g Tofu:
2½ l frische, heiße Sojamilch · 2 gestrichene Teel. Nigari · 1 Tasse Wasser

Zubereitungszeit: 15 Minuten
Preßzeit: 15 Minuten

Während die Milch noch kocht, das Nigari in dem Wasser auflösen. Sobald die Milch nicht mehr kocht, ⅓ des flüssigen Nigari mit 2–3 langsamen Rührbewegungen (mit dem großen Holzlöffel) einrühren, eine halbe Rührbewegung rückwärts

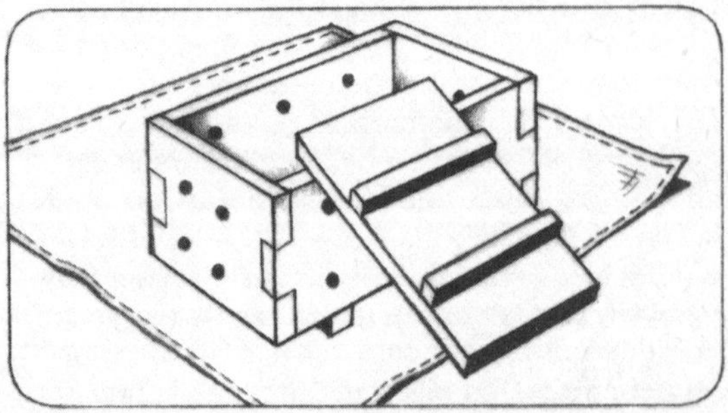

Den Tofu-Preßkasten mit Baumwollsack gibt es als Set im Reformhaus und Naturkostladen oder bei Sojaquelle (siehe Seite 100).

machen, damit die Milch »stehenbleibt«. Den Deckel auflegen und 3 Minuten warten. Das 2. Drittel Nigari langsam mit wenigen Rührbewegungen in die »obere Hälfte« der Milch im Topf einrühren. Den Deckel auflegen, wieder 3 Minuten warten. Das letzte Drittel Nigari ebenfalls ganz vorsichtig einrühren, den Deckel auflegen, 3 Minuten warten. Alles noch einmal ganz vorsichtig umrühren. Spätestens jetzt haben Sie große weiße Flocken und klare grünliche Molke im Topf.

Schüssel mit passendem Siebeinsatz und Deckel zum Aufbewahren von Tofu. Das Sieb mit dem Tofu wird herausgehoben, das Wasser frisch eingefüllt.

Den Preßkasten oder die Seihe auf ein passendes Gefäß zum Auffangen der Molke stellen. Das Tuch anfeuchten und den Kasten oder die Seihe damit auslegen. Den Inhalt des Topfes mit einem Schöpflöffel vorsichtig in die ausgelegte Seihe oder den Preßkasten schöpfen. Das Tuch über den Tofuflocken zusammenschlagen und den Deckel des Preßkastens oder einen passenden Deckel (eventuell ein Holzbrett) in die Seihe legen. Ein Gewicht (zum Beispiel ein Glas mit 1 l Wasser) obenaufstellen. So wird der Tofu 15 Minuten gepreßt. Vorsichtig aus dem Kasten oder der Seihe heben, das Tuch entfernen und den Tofu in ein Gefäß mit frischem kaltem Wasser gleiten lassen. Dort sollte er auch (im Kühlschrank) aufbewahrt werden; er hält sich 5–7 Tage. Das Wasser muß jeden Tag erneuert werden. Deshalb ist eine Schüssel mit Siebeinsatz zum Aufbewahren praktisch.

Tip: Die Molke ist ein herrliches Geschirrspülmittel (mit viel Wasser verdünnt) oder pur ein Schönheits-Waschmittel für die Haut. In Japan und China macht man noch ganz andere Sachen damit. Man benutzt sie als Viehfutter, als Poliermittel für Holz, als Shampoo und zum Gießen der Zimmerpflanzen. Nur zum Trinken benutzt man sie nicht und das ist auch nicht empfehlenswert (trotz des Lezithingehaltes), denn sie schmeckt nicht.

Okara

Das »Abfallprodukt« bei der Herstellung von Sojamilch ist beileibe kein Abfall. Okara enthält noch etwa 5% Eiweiß und viele »Ballaststoffe«, die für eine geregelte Darmtätigkeit so wichtig sind. Es eignet sich für viele schmackhafte Rezepte und als Zusatz zum Brot. Roh kann man es ebensowenig essen wie Bohnen. Wenn Sie es zum Backen oder für Gerichte mit relativ langer Kochzeit gebrauchen, bedarf es keiner weiteren Vorbehandlung. Für Rezepte mit kürzerer Garzeit nehmen wir gedämpftes Okara.
Man dämpft das Okara am besten im Schnellkochtopf: je 500 g Okara locker in die Einsätze füllen, auf den Boden des Topfes ½ l Wasser gießen und das Ganze unter Druck 10 Minuten dämpfen. Ohne Schnellkochtopf können Sie es in einem Dämpfeinsatz genauso dämpfen; das dauert dann 1 Stunde.
Rohes oder gedämpftes Okara bleibt im Kühlschrank, gut verschlossen, etwa 4 Tage frisch. Man kann es einfrieren. In Japan verwendet man es auch zur Viehmast oder als Haustierfutter (gegart) oder als organischen Dünger.

Suppen und Eintöpfe

Ein »heißes« Thema für alle, die unkompliziert und schnell, aber trotzdem nahrhaft und gesund kochen wollen. Auch die Japaner, denen wir die Soja-Idee ja abgeschaut haben, essen oft Suppe. Bei ihnen steht sie in einem Schüsselchen gleichberechtigt neben den übrigen Speisen. Soweit noch nicht westliche Tischsitten übernommen worden sind, ißt man das wenige, hübsch zurechtgeschnittene Gemüse mit den Stäbchen heraus und trinkt dann die Brühe.
Die Suppen und Eintopfgerichte in diesem Kapitel sind, mit Ausnahme der Misosuppe, dank des Sojazusatzes so eiweißreich und kräftig, daß Sie außer etwas Rohkost als Vorspeise und eventuell etwas Obst oder einem anderen Dessert keine Ergänzung brauchen.

Misosuppe

Diese Suppe wird in Japan morgens, mittags und abends geschätzt. Man kann sie auch gar nicht genug loben, denn erstens braucht man für die Zubereitung (wenn man die Zeit fürs Wasserkochen abrechnet) nur 1 Minute, zweitens schmeckt sie köstlich und drittens ist sie sehr gesund (siehe Seite 13). Misosuppe eignet sich als kleine Zwischenmahlzeit, zum Aufwärmen oder als »Energiespritze«, aber auch – wegen ihres Eiweißgehaltes – zum Überbrücken des Hungergefühls während einer Schlankheitskur oder in einer Diät.
In Japan nimmt man als Grundlage für die Suppe statt Wasser Dashi, eine Brühe aus Fisch und Kombualgen, die es dort auch als Fertigprodukt gibt (und bei uns in guten Geschäften für japanische Lebensmittel). Wir können unsere Misosuppe mit einer ungesalzenen Gemüsebrühe verbessern, die man aus gewaschenen Abfällen von Möhren, Lauch, Sellerie und/oder Erbsenschoten mit Wasser in etwa 20 Minuten kochen kann. Diese mineralstoffreiche Brühe kann auch für alle übrigen Suppen statt Wasser verwendet werden.

Zutaten für 1 Portion:
¼ l Wasser oder Gemüsebrühe · 2 Teel. rotes Miso, zum Beispiel Hatcho-Miso, Vollreis-, Gersten- oder Sojabohnenmiso · 1–2 Teel. feingehackte Kräuter (Petersilie, Schnittlauch oder Liebstöckel)

Etwa 65 Joule/15 Kalorien, 2–3 g Eiweiß
Zubereitungszeit: 5 Minuten

Das Wasser oder die Gemüsebrühe zum Kochen bringen. Das Miso in eine Suppentasse geben und mit 1 Eßlöffel der heißen Flüssigkeit glattrühren, 1 weiteren Eßlöffel Flüssigkeit zufügen und wieder glattrühren. Mit der restlichen Flüssigkeit aufgießen und mit den Kräutern mischen.

Varianten: 1 Eßlöffel Haferflocken oder Schmelzflocken oder andere Getreideflocken macht die Suppe nahrhafter und sämiger. Nach Wunsch können Sie auch 1–2 Eßlöffel beliebiges geputztes, zerkleinertes Gemüse in dem Wasser oder der Brühe gar kochen, bevor Sie die Suppe in der Tasse anrichten.

Reissuppe

Bild 2. Umschlagseite

Diese Suppe wird allen schmecken, die das »Exotische« mögen. Sie ist sozusagen »japanisch inspiriert«.

100 g Naturreis · 1¼ l Wasser · 1 Möhre (etwa 100 g) · 4 Frühlingszwiebeln mit Grün, ersatzweise 2 kleine Stangen Lauch · 1 Salatgurke · 1 rote Paprikaschote ·

2 säuerliche Äpfel · 1 Eßl. Sojaöl · 1 Eßl. Olivenöl · 4–5 Eßl. Natto-Miso · 2 Eßl. feingehackte Petersilie

Pro Portion etwa 895 Joule/215 Kalorien, 7 g Eiweiß
Zubereitungszeit: 35-45 Minuten

Den Reis in dem Wasser fast gar kochen (30-35 Minuten je nach Reissorte). Inzwischen die Möhre waschen, putzen, an den Längsseiten drei Kerben einschneiden und die Möhren quer in dünne Scheiben schneiden, so daß »Blumen« entstehen. Die Zwiebeln waschen und putzen. Das Grün in etwa ½ cm breite Ringe schneiden, die Zwiebeln je nach Größe längs vierteln oder achteln; oder die Lauchstangen längs durchschneiden, waschen und quer in ½ cm dicke Scheiben schneiden. Die Gurke eventuell schälen (falls nicht aus biologischem Anbau), längs vierteln und quer in dünne Scheiben schneiden. Die Paprikaschote längs achteln, vom Stengelansatz und den Kernen befreien und quer in feine Streifen schneiden. Die Äpfel vierteln, schälen, vom Kernhaus befreien, die Viertel nochmals längs teilen. Das Öl in einer Pfanne erhitzen und die Möhren- und Zwiebelstücke darin unter gelegentlichem Wenden etwa 5 Minuten bei kleiner Hitze rasch unter häufigem Wenden anbraten. Das übrige vorbereitete Gemüse und die Apfelstücke zufügen. Alles zusammen noch etwa 2–3 Minuten unter Wenden braten. Den Inhalt der Pfanne in den Topf mit dem Reis schütten. Die Suppe noch gut 5 Minuten kochen. Prüfen, ob das Gemüse und der Reis gar sind. Den Topf vom Herd nehmen. Das Natto-Miso gut unter die Reissuppe rühren, abschmecken; eventuell noch etwas Natto-Miso zufügen. Zuletzt die Petersilie obenaufstreuen.

Borschtsch

300 g rote Rüben/rote Beten · 100 g grüne Bohnen · 1 Bund Suppengrün · 100 g Kohl (Weißkohl, Wirsing, Rosenkohl oder Brokkoli) · 1 l Wasser · 500 g Kartoffeln · 1 Teel. frisches, feingehacktes oder ½ Teel. getrocknetes, gerebeltes Bohnenkraut · 300 g Tofu · 2 Tomaten · 100 g Salatgurke oder Salzgurke (1–2 Stück) · 2–3 Eßl. Sojasauce · 1 Eßl. Apfel- oder Weinessig · 1 Eßl. Weißwein · 2 Eßl. feingehackte Petersilie

Pro Portion etwa 1050 Joule/250 Kalorien, 14 g Eiweiß
Zubereitungszeit: 30 Minuten

Die roten Rüben schälen, waschen, in Scheiben, dann in Stifte schneiden. Die grünen Bohnen waschen, putzen und schräg in etwa 2 mm breite Streifen schneiden. Das Suppengrün waschen, putzen und grob zerkleinern. Den Kohl waschen, putzen und ebenfalls grob zerkleinern. Das vorbereitete Gemüse mit dem Wasser in einem großen Topf zum Kochen bringen. Die Kartoffeln schälen, waschen und in grobe Würfel schneiden. Die Kartoffelwürfel mit dem Bohnenkraut in den Topf geben und alles zusammen in 15–20 Minuten gar kochen. Den Tofu in etwa 1 cm große Würfel schneiden, die Tomaten waschen und in Scheiben schneiden. Das Stück Salatgurke eventuell schälen (falls nicht aus biologischem Anbau) und in dünne Scheiben schneiden oder die Salzgurke in dünne Scheiben schneiden. Die nicht mehr kochende Suppe mit der Sojasauce, dem Essig und dem Wein abschmecken. Die Tofuwürfel, die Tomaten- und Gurkenscheiben vorsichtig daruntermischen. Die Hälfte der Petersilie unter die Suppe mischen, die andere Hälfte daraufstreuen.

Schnelle Tomatensuppe

3 Eßl. Olivenöl · 1 große Zwiebel · 75 g gekörntes Sojamark · 1¼ l Wasser · 1 gestrichener Eßl. gekörnte Gemüsebrühe · 4 Eßl. Grünkern · 1 Dose Tomatenmark (70 g) · 1 Teel. frisches, feingehacktes oder getrocknetes, gerebeltes Basilikum · etwa 3 Messerspitzen Piccata · etwa 1½ Eßl. Sojasauce · 2 Eßl. feingehackte Petersilie

Pro Portion etwa 995 Joule/235 Kalorien,
14 g Eiweiß
Zubereitungszeit: 15 Minuten

Das Olivenöl in einem Topf erhitzen. Inzwischen die Zwiebel schälen und würfeln. Die Zwiebelwürfel im Öl glasig braten. Das Sojamark zufügen und unter Wenden noch 2–3 Minuten mitbraten. Das Wasser in den Topf gießen, die gekörnte Brühe zufügen und alles zum Kochen bringen. Inzwischen den Grünkern mittelfein schroten. Den Grünkernschrot mit dem Tomatenmark sowie knapp ¼ l Wasser anrühren und, sobald die Brühe kocht, hineingießen und gut umrühren. Die Suppe etwa 5 Minuten auf kleiner Hitze kochen lassen. Mit dem Basilikum, dem Piccata und der Sojasauce abschmecken. Kurz vor dem Servieren die feingehackte Petersilie daruntermischen.

Dunkle Zwiebelsuppe

500 g Zwiebeln · 4 Eßl. Olivenöl · 4 Eßl. Roggen · 1 l Wasser · je 1 Teel. frisches, feingehacktes oder getrocknetes, gerebeltes Basilikum und Liebstöckel · 4 Eßl. Hatcho-Miso (100 g) · 1 Teel. gemahlener Kümmel · 3–4 Messerspitzen frisch gemahlener schwarzer Pfeffer · eventuell 200 g gekochte gelbe Sojabohnen, abgetropft, oder süße gekochte Sojabohnen (Rezepte Seite 21 und 22) · 1 Becher saure Sahne oder Crème fraîche (200 g) · 2 Eßl. feingehackte Petersilie

Pro Portion etwa 1080 Joule/255 Kalorien,
11 g Eiweiß
Zubereitungszeit: 20 Minuten

Die Zwiebeln schälen und quer in dünne Ringe schneiden. Das Öl in einem Topf erhitzen und die Zwiebelringe darin hellgoldbraun braten. Inzwischen den Roggen mittelgrob schroten. Den Roggenschrot zu den Zwiebeln schütten, umrühren und ganz kurz anrösten. Das Wasser, das Basilikum sowie den Liebstöckel zufügen und alles zusammen knapp 5 Minuten kochen. Das Miso mit einer Gabel in einem Teller zerdrücken und dabei nach und nach etwas von der Suppe dazugießen, bis das Miso glattgerührt ist. Das angerührte Miso, den Kümmel und den Pfeffer zur Suppe geben. Nach Wunsch noch die gekochten Sojabohnen zufügen. Den Topf vom Herd nehmen. Die saure Sahne oder die Crème fraîche verquirlen und mit der feingehackten Petersilie unter die Suppe rühren. Eventuell noch mit Salz, Kümmel und schwarzem Pfeffer abschmecken.

Sauerkrautsuppe

Diese herzhafte Suppe mit rohem Sauerkraut ist eine »Vitamin-C-Spritze« und zugleich eine wärmende Mahlzeit an kalten Wintertagen.

1½ l Wasser oder Gemüsebrühe · 1 Lorbeerblatt · 50 g Vollsojamehl · 50 g Buchweizenmehl, am besten frisch gemahlen · 1 gestrichener Teel. Koch- oder Meersalz · 1½ Teel. edelsüßes Paprikapulver · ½ Teel.

gemahlener Kümmel · 3 Eier · 500 g rohes Sauerkraut · 1–2 Teel. Kümmelkörner · 2–3 Eßl. Sojasauce · je 1 Eßl. feingeschnittene Petersilie und Schnittlauch

Pro Portion etwa 835 Joule/200 Kalorien,
14 g Eiweiß
Zubereitungszeit: 20–25 Minuten

Das Wasser oder die Brühe mit dem Lorbeerblatt zum Kochen bringen. Währenddessen das Soja- und das Buchweizenmehl mit dem Salz, ½ Teelöffel Paprika und dem gemahlenen Kümmel mischen und mit den Eiern verrühren. Sobald das Wasser im Topf kocht, von dem Teig mit zwei Teelöffeln kleine Klößchen abstechen und in das kochende Wasser gleiten lassen. In gut 5 Minuten zugedeckt bei kleiner Hitze gar kochen. Inzwischen das Sauerkraut feinschneiden, zusammen mit den Kümmelkörnern und 1 Teelöffel Paprikapulver in den Topf geben, umrühren und den Topf vom Herd nehmen. Die Suppe mit der Sojasauce abschmecken. Zum Schluß die Kräuter zufügen.

Feine Lauch-Kartoffel-Suppe

1½ l Wasser oder Gemüsebrühe · 1 gestrichener Eßl. gekörnte Gemüsebrühe · 500 g Lauch/Porree · 500 g Kartoffeln · 25 g Weizen · 25 g Vollsojamehl · ½–1 Teel. edelsüßes Paprikapulver · ½ Teel. gemahlener Kümmel · ½ Teel. Pilzpulver · 1 Messerspitze Muskatblüte (Macis) · 1 Becher saure Sahne (200 g) · 1 Dose Sandwichcreme mit Pilzen (Granovita) · Kräutersalz · 3 Eßl. Edelhefeflocken · 2 Eßl. feingehackte Petersilie · etwas Liebstöckel

Pro Portion etwa 1445 Joule/345 Kalorien,
15 g Eiweiß
Zubereitungszeit: 25 Minuten

Das Wasser mit der gekörnten Brühe zum Kochen bringen. Inzwischen den Lauch längs halbieren, gut waschen, von unbrauchbaren Blättern befreien und quer in ½–1 cm dicke Stücke schneiden. Die Kartoffeln gut bürsten (falls aus biologischem Anbau und noch ohne Keime) oder schälen und in kleine Würfel schneiden. Sobald das Wasser kocht, die Lauchstücke und Kartoffelwürfel zufügen und alles zusammen in etwa 5 Minuten fast gar kochen. Inzwischen den Weizen feinmahlen. Das Weizen- und das Sojamehl mit den Gewürzen mischen und mit etwas Wasser glattrühren. Die angerührte Mehlmischung in die kochende Suppe einrühren, noch 2–3 Minuten kochen lassen, den Topf vom Herd nehmen. Die saure Sahne verquirlen. Die Sandwichcreme in Stückchen teilen. Beides zur Suppe geben und den Topf zugedeckt etwa 5 Minuten stehenlassen. Dann die Lauchsuppe gründlich umrühren, mit Kräutersalz und eventuell Paprika abschmecken. Die Hefeflocken und die feingehackten Kräuter untermischen.

Raffinierte Ragouts

Wenn sich Besuch zum Mittagessen angesagt hat oder wenn Sonntags ohne großen Zeitaufwand etwas Feines auf den Tisch kommen soll, ist ein Ragout oder Frikassee ideal. Beide verlangen eine gute Zusammenstellung verschiedener Zutaten. Die Zubereitung, meist nur in einem Topf, ist praktisch und einfach. Das Ganze wird mit einer pikanten oder zarten Sauce gebunden. Mit den Rezepten dieses Kapitels stelle ich Ihnen raffinierte Ragouts mit Soja vor, dazu Klößchen, ein Frikassee und ein Haschee. Selbst verwöhnte Gaumen werden verblüfft sein und »echtes« Fleisch nicht vermissen. Probieren Sie es aus!

Pikantes Ragout

2 große Zwiebeln · 2 Knoblauchzehen · 4 Eßl. Olivenöl · 100 g gekörntes Sojamark · 1 Fenchelknolle · je 1 grüne und rote Paprikaschote · 500 g Tomaten · 1 Tasse Wasser · 2 Eßl. Sojasauce · 1 Teel. getrockneter Oregano · 2 Messerspitzen Piccata · 100 g Crème fraîche · 1 Bund Schnittlauch

Pro Portion etwa 1430 Joule/340 Kalorien,
17 g Eiweiß
Zubereitungszeit: 25 Minuten
Garzeit: 15 Minuten

Die Zwiebeln und die Knoblauchzehen schälen und würfeln beziehungsweise feinschneiden. Das Olivenöl in einem Topf erhitzen und die Zwiebeln sowie den Knoblauch darin glasig braten. Das Sojamark zufügen und unter Wenden noch 2–3 Minuten anbraten. Die Fenchelknolle waschen, putzen und feinschneiden. Die Paprikaschoten längs achteln, waschen, vom Stengelansatz und den Kernen befreien und quer in 3–4 mm breite Streifen schneiden. Die Tomaten waschen und achteln. Das vorbereitete Gemüse zum Sojamark und den Zwiebeln geben. Ebenfalls 2–3 Minuten unter gelegentlichem Wenden anbraten. Das Wasser und die Gewürze zufügen. Den Deckel schließen und das Ragout in etwa 15 Minuten gar dünsten. Den Topf vom Herd nehmen. Die Crème fraîche und den feingeschnittenen Schnittlauch unter das fertige Gericht mischen. Mit Sojasauce abschmecken.

Das paßt dazu: Naturreis oder Vollkornnudeln.

Variante: Fenchel ist nicht immer erhältlich. Das Ragout schmeckt auch ohne die Fenchelknolle, muß dann aber mit etwas frisch gemahlenem Pfeffer abgeschmeckt werden.

Variante: Pikante Pizza
Das Ragout ist auch ein vorzüglicher Pizzabelag. Als Pizzaboden nehmen Sie die halbe Menge Brötchenteig vom Rezept auf Seite 90, rollen ihn dünn aus, legen ihn auf ein gefettetes Backblech und lassen ihn nochmals gehen. Das Ragout bereiten Sie nur mit ½ Tasse Wasser zu (den Schnittlauch für später aufheben) und mischen 200 g geriebenen Emmentaler Käse darunter, streichen die Masse auf den Teig und backen die Pizza 30–40 Minuten bei starker Hitze. Oder Sie lassen den geriebenen Käse weg, backen wie oben angegeben, belegen die fertige Pizza mit Käsescheiben und lassen sie dann noch im Ofen, bis der Käse zerlaufen ist. Den feingeschnittenen Schnittlauch streuen Sie kurz vor dem Servieren auf die Pizza. Ganz ohne Käse haben Sie einen feinen Gemüsekuchen.

Ragoût fin mit Sojamark

Für das Sojamark:
50 g Vollsojamehl · 50 g Sojamehl fettarm · 1 gestrichener Teel. Kräutersalz · ½ Teel. Delikata · 1 Messerspitze Muskatblüte (Macis) · 2 Eier · 3 Eßl. Wasser · 1 l Wasser · 1 gestrichener Teel. Koch- oder Meersalz
Für die Sauce:
150 g frische Champignons · Kräutersalz · Saft von 1 Zitrone · 2 gestrichene Eßl. Arrowroot, ersatzweise Maisstärkepuder · ½ Becher Sahne (100 g) · 2 Eigelbe · etwa 2 Messerspitzen weißer Pfeffer · 1 Eßl. feingehackte Petersilie

Pro Portion etwa 1240 Joule/295 Kalorien,
16 g Eiweiß
Zubereitungszeit: 30 Minuten

Nach dem Rezept auf Seite 20 helles Sojamark zubereiten und mit einem Schaumlöffel aus der Kochbrühe heben. Die restliche Brühe abmessen, ½ l soll im Topf sein. Die Pilze waschen, putzen und je nach Größe halbieren, vierteln oder ganz lassen. 10 Minuten in wenig leicht gesalzenem Wasser mit etwas Zitronensaft gar kochen, dann mit einem Schaumlöffel herausheben und in den Topf mit der Sojamarkbrühe geben. Das Arrowroot mit etwas Wasser anrühren. Die Brühe mit den Pilzen wieder zum Kochen bringen. Das angerührte Arrowroot hineingießen, umrühren und ein paarmal aufkochen lassen. Den Topf vom Herd nehmen. Die Sahne mit den Eigelben, Zitronensaft und dem Pfeffer verquirlen und unter die Sauce rühren. Das Sojamark in etwa 1 cm große Würfel schneiden und zusammen mit der Petersilie unter die Sauce mischen. Das Ragout mit weißem Pfeffer, Zitronensaft und eventuell etwas Kräutersalz abschmecken.

Das paßt dazu: Kartoffelpüree (Rezept Seite 64), oder gekochte Hirse (Rezept Seite 65).

Variante: Wenn Sie 2 Teelöffel feingehackte Kapern und 1 sehr fein gehacktes Sardellenfilet unter das Ragoût fin mischen, schmeckt es etwas kräftiger und »originaler«.

Variante: Ragoût fin in Blätterteig
Tauen Sie 1 Paket tiefgefrorenen Blätterteig (aus dem Reformhaus) auf, rollen Sie eine Hälfte messerrückendünn, die andere ½ cm dick aus. Aus der dünnen Teigplatte runde Plätzchen mit einer Tasse ausstechen und auf ein gefettetes Blech legen. Aus der dicken Teigplatte gleich große Kreise ausstechen, die Mitte nochmals mit einem Schnapsglas ausstechen, so daß Ringe entstehen; das Ausgestochene ergibt Deckelchen. Den Rand der Kreise mit verquirltem Ei bestreichen und die Ringe darauflegen. Im vorgeheizten Ofen backen Sie die Pastetenförmchen »blind«, das heißt vor dem Backen füllen Sie sie mit gelben Sojabohnen, die Sie nachher wieder anderweitig verwenden können. Die Deckelchen mitbacken. Das Ragout bereiten Sie mit der halben Flüssigkeitsmenge wie oben zu und füllen damit die Pastetchen, schieben das Ganze noch einmal in den heißen Backofen und überbacken 10 Minuten. Eine delikate Vorspeise.

Das Ausstechen, Bestreichen und Zusammensetzen der Blätterteigförmchen. Die Deckelchen legt man zum Backen daneben aufs Blech.

Buntes Bohnenragout

Bild Umschlag-Vorderseite

1 Eßl. Butter · 1 Zwiebel · 200 g frische Champignons · 250 g Möhren · 250 g Bleichsellerie · ⅜ l Wasser · 150 g frische oder tiefgefrorene grüne Erbsen · 350 g gekochte gelbe Sojabohnen, abgetropft (Rezept Seite 21) · etwa 2 Eßl. gekörnte Gemüsebrühe · 3 Eßl. Weizen · 1 Becher Crème fraîche (150–200 g) · 2–3 Messerspitzen frisch gemahlener schwarzer Pfeffer · je 1 Eßl. feingeschnittene Petersilie und Schnittlauch

Pro Portion etwa 2240 Joule/535 Kalorien,
26 g Eiweiß
Zubereitungszeit: 20 Minuten

Die Butter in einem Topf zerlaufen lassen. Die Zwiebel schälen, feinschneiden und in der Butter glasig braten. Inzwischen die Champignons waschen, putzen und je nach Größe halbieren, vierteln oder ganz lassen. Die Möhren waschen, putzen, längs vierteln oder achteln und quer in etwa 4 cm lange Stifte schneiden. Den Bleichsellerie waschen, putzen und quer in dünne Streifen schneiden. Das vorbereitete Gemüse zur Zwiebel in den Topf geben und gut 5 Minuten unter gelegentlichem Umrühren braten. Das Wasser, die Erbsen, die Sojabohnen und 1 Eßlöffel gekörnte Brühe zufügen. Alles zusammen gut 5 Minuten kochen lassen. Prüfen, ob das Gemüse gar ist (es soll noch einen »Biß« haben, also nicht zerkocht sein). Den Weizen mittelfein mahlen und mit wenig Wasser anrühren. Das Angerührte in den Topf gießen, umrühren und noch etwa 3 Minuten kochen lassen. Den Topf vom Herd nehmen, die Crème fraîche zufügen. Das Ragout mit etwa 1 Eßlöffel gekörnter Brühe und schwarzem Pfeffer abschmecken. Die feingeschnittenen Kräuter daruntermischen.

Das paßt dazu: Kartoffelpüree (Rezept Seite 64), Vollkornnudeln oder Naturreis.

Varianten: Schmecken Sie zur Abwechslung das Ragout einmal mit zusätzlich 1–2 Teelöffeln Delikata oder 1–2 Teelöffeln edelsüßem Paprikapulver ab.

Klopse nach Königsberger Art

1 Zwiebel · 1 Eßl. Butter · 50 g Vollsojamehl · 50 g Sojamehl fettarm · 2 Messerspitzen weißer Pfeffer · 2 Teel. Kapern · 2 Eßl. Sojasauce · 3 Eier · ¾ l Wasser · 3 Eßl. Weißwein · 2 gestrichene Teel. Arrowroot, ersatzweise Maisstärkepuder · 100 g Crème fraîche · 1 Eßl. Apfelessig · 1 gestrichener Teel. Kräutersalz · je 1 Eßl. feingehackte Petersilie und Dill

Pro Portion etwa 1275 Joule/305 Kalorien,
17 g Eiweiß
Zubereitungszeit: 25 Minuten

Die Zwiebel schälen, feinschneiden und in der Butter glasig braten. Die beiden Sojamehle mit 1 Messerspitze Pfeffer mischen. Die Kapern feinhacken und die Hälfte zur Mehlmischung geben. Die vorbereitete Zwiebel, 1 Eßlöffel Sojasauce, 2 Eier und 1 Eiweiß (das Eigelb beiseitestellen) zufügen und alles zu einem glatten, festen Teig verrühren. Das Wasser mit 2 Eßlöffeln Wein und 1 Eßlöffel Sojasauce zum Kochen bringen. Aus dem Teig mit nassen Händen walnußgroße Kugeln formen und im Wasser 10 Minuten auf kleiner Hitze zugedeckt gar kochen. Das Arrowroot mit wenig Wasser anrühren, in die kochende Brühe gießen, umrühren und ein paarmal aufkochen lassen. Den Topf vom Herd nehmen. Die Crème fraîche mit dem zurückbehaltenen Eigelb, dem Essig, dem Kräutersalz und 1 Eßlöffel Wein verquirlen und unter die Sauce rühren. Die feingehackten Kräuter einmischen. Die Sauce eventuell noch mit etwas weißem Pfeffer abschmekken und das Gericht sofort servieren.

Tip: Wenn Sie wollen, können Sie noch 2–3 ganz fein gehackte Sardellen unter die Sauce mischen.

Das paßt dazu: Salzkartoffeln und grüner Salat.

Sojamark in Pilzsahne

Für das Sojamark:
50 g Vollsojamehl · 50 g Sojamehl fettarm · 2 Eier · 2 Eßl. Sojasauce · 1 Eßl. Wasser · 1 l Wasser · 1 gestrichener Teel. Koch- oder Meersalz
Für die Pilzsahne:
1 Eßl. Butter · 1 Zwiebel · 200 g Stein-Champignons · etwa 2 Messerspitzen frisch gemahlener schwarzer Pfeffer · ½ Teel. Kräutersalz · Saft von ½ Zitrone · 1 Eßl. feingehackte Petersilie · 1 Becher saure Sahne (200 g) · 1 Eßl. Pilz-Sojasauce · 1 Eßl. Friate (Apfeldicksaft) · 3 Messerspitzen edelsüßes Paprikapulver

Pro Portion etwa 795 Joule/190 Kalorien,
15 g Eiweiß
Zubereitungszeit: 25 Minuten

Nach dem Rezept auf Seite 20 dunkles Sojamark zubereiten und in kleine Würfel schneiden. Die Butter in einem Topf zerlaufen lassen. Die Zwiebel schälen, feinschneiden und in der Butter glasig braten. Die Champignons waschen, putzen und in Scheiben schneiden. Die vorbereiteten Pilze in den Topf schütten und mit Pfeffer sowie dem Kräutersalz bestreuen. Den Zitronensaft darübergießen und die Hälfte der feingehackten Petersilie darüberstreuen, umrühren. Die Pilze 10 Minuten zugedeckt auf kleiner Hitze garen. Die Sojamarkwürfel zufügen. Die saure Sahne mit der Pilz-Sojasauce, der Friate und dem Paprikapulver verquirlen, über Pilze und Sojamark gießen und das Ganze zugedeckt 2–3 Minuten durchziehen lassen. Mit Sojasauce, Pfeffer aus der Mühle und Paprikapulver abschmecken. Die restliche Petersilie untermischen und daraufstreuen.

Variante: Sojamark in Senfsahne
2 in Ringe geschnittene Zwiebeln in 2 Eßlöffeln Butter hellgoldgelb braten. 1 Becher saure Sahne mit 4 Teelöffeln Senf, 2 Teelöffeln Worcestershiresauce, 2 Teelöffeln Friate und 4 Teelöffeln Sojasauce verquirlen. Die Sojamarkwürfel zu den gebratenen Zwiebeln geben und die gewürzte Sahne darübergießen. Mit Sojasauce und Senf abschmecken und mit feingeschnittenem Schnittlauch oder Dill mischen.

Variante: Sojamark in Paprikasahne
1 feingeschnittene Zwiebel in 2 Eßlöffeln Öl glasig braten. 1 rote und 1 grüne Paprikaschote längs vierteln, waschen, von Kernen und Stengelansatz befreien und die Stücke quer in feine Streifen schneiden. Die Paprikastreifen zur Zwiebel geben, unter Rühren im heißen Fett 2–3 Minuten anbraten. 4 Eßlöffel vom Sojamark-Kochwasser zufügen und das Ganze zugedeckt in 10 Minuten auf kleiner Hitze gar dünsten. Das in Würfel geschnittene Sojamark zufügen. 1 Becher saure Sahne mit ½–1 Teelöffel edelsüßem Paprikapulver, 1 Eßlöffel Friate und 1 Eßlöffel Sojasauce verquirlen und über Gemüse und Sojamark gießen. Feingeschnittenen Schnittlauch daruntermischen.

Bild rechts: Aus selbstgemachter Sojamilch wird problemlos Tofu hergestellt. Rezept Seite 24.
Zum Bild auf Seite 36: Diese Buchweizenfrikadellen lassen Fleisch nicht vermissen. Rezept Seite 38.

Frikassee à la Duchesse

Da eine echte Butter- oder holländische Sauce nicht so ganz zur Vollwertkost paßt (zuviel Fett), mache ich das Frikassee mit einer zarten und feinen weißen Sauce.

500 g frischer Spargel · 150 g frische oder tiefgefrorene grüne Erbsen · 150 g frische Champignons · Kräutersalz · Saft von 1 Zitrone · 150 g gekochte gelbe Sojabohnen, abgetropft (Rezept Seite 21) · 3 gestrichene Teel. Arrowroot, ersatzweise Maisstärkepuder · 1 gestrichener Teel. Kräutersalz · je 1 Messerspitze weißer Pfeffer und Muskatblüte (Macis) · 100 g Sahne oder Wasser und Sahne gemischt (knapp 1 Tasse) · etwa 2 Eßl. trockener Weißwein · weißer Pfeffer · 2 Eßl. feingehackte Petersilie

Pro Portion etwa 1010 Joule/240 Kalorien,
13 g Eiweiß
Zubereitungszeit: 15–20 Minuten

Die Spargelstangen waschen, schälen und in etwa 3 cm lange Stücke schneiden. Die Stücke in einem kleinen Topf mit etwa 2 Tassen Wasser aufkochen, die Erbsen zufügen und beides zusammen in knapp 10 Minuten gar kochen. Die Champignons waschen, putzen und je nach Größe halbieren, vierteln oder ganz lassen. Die Pilze in wenig leicht gesalzenem Wasser mit etwas Zitronensaft in etwa 10 Minuten gar kochen, mit einem Schaumlöffel herausheben und zu den Spargeln und Erbsen geben. Die Sojabohnen zufügen und so viel Wasser auffüllen, daß das Gemüse gerade bedeckt ist. Alles zusammen wieder aufkochen. Inzwischen das Arrowroot mit den Gewürzen mischen und mit der Sahne anrühren. Das Angerührte in die kochende Flüssigkeit einrühren, einmal aufkochen und den Topf vom Herd nehmen. Das Frikassee mit Zitronensaft, Weißwein, Kräutersalz und Pfeffer abschmecken. Die feingehackte Petersilie daruntermischen und aufstreuen.

Das paßt dazu: Kartoffelpüree (Rezept Seite 64) oder gekochte Hirse (Rezept Seite 65).

Tofu-Gurken-Haschee

1 kleine Zwiebel · 1 Eßl. Butter · 1 Salatgurke (etwa 500 g) · etwa 1 Teel. Kräutersalz · 400 g Tofu · ½ Teel. Curry · 2 Eßl. feingehackter Dill · eventuell etwa 1 Messerspitze weißer Pfeffer · 200 g saure Sahne oder Crème fraîche

Pro Portion etwa 660 Joule/150 Kalorien,
12 g Eiweiß
Zubereitungszeit: 25 Minuten

Die Zwiebel schälen und feinschneiden. Die Butter in einem weiten Topf zerlaufen lassen und die Zwiebelwürfel darin glasig braten. Inzwischen die Gurke waschen und eventuell schälen (falls nicht aus biologischem Anbau). Die Gurke längs vierteln oder achteln und quer in dünne Scheiben schneiden. Die Gurkenstücke in den Topf geben, mit ½ Teelöffel Kräutersalz bestreuen und zugedeckt 10 Minuten auf kleiner Hitze dünsten. Inzwischen den Tofu mit einer großen Gabel in einem Suppenteller zerdrücken. ½ Teelöffel Kräutersalz mit dem Curry mischen. Den zerdrückten Tofu in den Topf geben und mit dem Curry-Salzgemisch bestreuen, alles vorsichtig, doch gründlich mischen. Das Ganze in etwa 10 Minuten bei kleiner Hitze fertig garen. Den Topf vom Herd nehmen. Den Dill unter das Gericht mischen. Eventuell mit weißem Pfeffer und Kräutersalz abschmecken. Die saure Sahne oder Crème fraîche nach Belieben unter das Haschee rühren oder getrennt dazu servieren.

Delikate Frikadellen

Frikadellen schmecken jung und alt, und wenn sie auf dem Tisch stehen, fällt niemandem auf, daß vielleicht der Hausfrau heute ganz einfach nichts anderes eingefallen ist. Frikadellen mit Soja enthalten genausoviel Eiweiß wie die gewohnten – und manchmal langweiligen – aus Fleisch. Dabei sind sie ausgesprochen leicht bekömmlich. Wer vegetarische Frikadellen schon kennt, sollte bei Frikadellen mit Soja den hohen Eiweißgehalt bedenken und sie nicht als Hauptspeise servieren, sondern mit Beilagen, wie von den Fleischfrikadellen gewohnt, ergänzen. Sojaöl eignet sich übrigens besonders gut zum Knusprigbraten.
Beim Garen vegetarischer Frikadellen muß man sich etwas umstellen, denn die rohe Masse ist weicher. Doch mit etwas Geschick gelingt es schon, den Teig mit nassen Händen zu formen. Bis sie dann in der Pfanne vorsichtig gewendet werden müssen, sind sie schon etwas robuster. Außerdem sollten sie mit weniger Hitze als Fleischfrikadellen gebraten werden. Die folgenden Rezepte werden eine gesunde und preiswerte Erweiterung Ihres Frikadellen-Repertoires sein.

Bohnenküchle

Diese Küchle sind sehr nahrhaft, denn sie sind eine Komposition aus vier eiweiß- und fettreichen Zutaten: Sojabohnen, Eiern, Käse und Nüssen.

100 g Walnußkerne · 200 g Goudakäse · 100 g Vollkornbrösel (1 Tasse) · 1 gestrichener Teel. Kräutersalz · 1 gestrichener Teel. Delikata · 1 Teel. frisches, feingehacktes oder getrocknetes, gerebeltes Basilikum · 2 Messerspitzen geriebene Muskatnuß · etwa 3 Messerspitzen frisch gemahlener schwarzer Pfeffer · 350 g gekochte gelbe Sojabohnen, abgetropft (Rezept Seite 21) · 4 Eier
Zum Braten: Butter, Öl oder Butterschmalz

Pro Portion etwa 3235 Joule/770 Kalorien, 42 g Eiweiß
Zubereitungszeit: 25 Minuten

Die Nüsse und den Käse grobreiben, dann in einer Schüssel mit den Vollkornbröseln und den Gewürzen mischen. Die Sojabohnen und die Eier zufügen und alles gründlich verkneten – am besten mit der Hand. Das Fett in einer Pfanne erhitzen. Aus dem Teig mit nassen Händen kleine Frikadellen formen und im heißen Fett bei kleiner Hitze auf beiden Seiten in jeweils 7–8 Minuten knusprig und goldbraun braten.

Das paßt dazu: grüne Salate.

Tip: Die Küchle schmecken auch kalt sehr gut und sind wegen ihres hohen Nährwertes zum Mitnehmen gut geeignet.

Feine Kräuter-Tofu-Frikadellen

2 Teel. Butter · 400 g Tofu · 2 gestrichene Teel. gekörnte Gemüsebrühe · ½ Teel. Schabzigerklee · 1 Messerspitze Muskatblüte (Macis) · eventuell ¼ Teel. gemahlene Dillsamen · 1 Möhre (etwa 100 g) · 2 mittelgroße Zwiebeln · 1 Eßl. feingehackte Kräuter (Petersilie, Dill, Schnittlauch und eventuell wenig Salbei) · 4 Eßl. Vollkornbrösel · 1 Ei · etwa 1 Teel. Kräutersalz
Zum Braten: Öl

Pro Portion etwa 1050 Joule/250 Kalorien, 15 g Eiweiß
Zubereitungszeit: etwa 25 Minuten

Die Butter in einer Pfanne zerlaufen lassen. Inzwischen den Tofu in einem Suppenteller mit einer großen Gabel zerdrücken. Den zerdrückten Tofu zusammen mit der gekörnten Brühe in die Pfanne schütten und rasch bei starker Hitze unter häufigem Wenden etwa 2 Minuten anbraten. Währenddessen den Schabziegerklee, das Macis und eventuell den gemahlenen Dill zufügen; gründlich mischen. Die Pfanne vom Herd nehmen. Die Möhre waschen und putzen. Die Zwiebeln schälen. Beides zusammen in der Moulinette fein zerkleinern oder reiben. Das zerkleinerte Gemüse, die Kräuter, die Vollkornbrösel und das Ei zum gewürzten Tofu geben und alles gründlich mischen. Mit Kräutersalz abschmecken. In einer anderen Pfanne das Öl erhitzen. Mit nassen Händen aus der Tofumasse kleine Frikadellen formen und im heißen Öl goldbraun braten, auf jeder Seite gut 5 Minuten.

Variante: Delikate Tofufrikadellen
Sie werden genauso zubereitet, nur anders gewürzt; statt gekörnter Gemüsebrühe Cenofix verwenden, statt Schabzigerklee, Muskatblüte und gemahlenem Dill 1 Teelöffel Delikata, ½ Teelöffel Kurkuma und eventuell (wer's schärfer mag) ½ Teelöffel Curry, statt der gemischten Kräuter nur Petersilie.

Das paßt dazu: Naturreis, gekochte Hirse (Rezept Seite 65), Vollkornnudeln oder Kartoffelpüree (Rezept Seite 64) und Salate.

Buchweizenfrikadellen mit Tofu

Bild Seite 36

200 g Buchweizen (ganze Körner) · ½ l Wasser · 1 gestrichener Eßl. gekörnte Gemüsebrühe · ½ Bund Suppengrün · 300 g Tofu · 2 Teel. Butter · 2 gestrichene Teel. Kräutersalz · 1 gestrichener Teel. edelsüßes Paprikapulver · 2 Bund Schnittlauch
Zum Braten: Öl

Pro Portion etwa 1370 Joule/330 Kalorien,
14 g Eiweiß
Gar- und Quellzeit: 25 Minuten
Zubereitungszeit: 20 Minuten

Die Buchweizenkörner mit dem Wasser und der gekörnten Brühe zum Kochen bringen. Inzwischen das Suppengrün waschen, putzen und fein zerkleinern. Zum Buchweizen geben und alles 10 Minuten kochen. Den Topf vom Herd nehmen und die Körner 15 Minuten zugedeckt ausquellen lassen. Den Tofu in einem Suppenteller mit einer großen Gabel zerdrücken. Die Butter in einer Pfanne erhitzen, den zerdrückten Tofu zufügen, etwa 2 Minuten unter Rühren erhitzen, dabei das Kräutersalz und das Paprikapulver darunterrühren. Den vorbereiteten Tofu, den feingeschnittenen Schnittlauch und den Buchweizen gründlich miteinander mischen. Eventuell noch etwas Kräutersalz zufügen. Das Öl in einer Pfanne erhitzen. Mit nassen Händen aus dem Teig große Frikadellen formen und diese auf beiden Seiten in jeweils 5 Minuten bei mittlerer Hitze goldbraun braten.

Das paßt dazu: Salate.

Frikadellen aus Sojamark

150 g gekörntes Sojamark · 3 gestrichene Eßl. Vollsojamehl · 1 Tasse feine Haferflocken (50 g) · 1 Teel. frisches, feingehacktes oder getrocknetes, gerebeltes Basilikum · 1 Teel. getrockneter, gerebelter Majoran · ½ Teel. getrockneter, gerebelter Thymian · ½ Teel.

edelsüßes Paprikapulver · 2 Messerspitzen schwarzer Pfeffer · ¼ l heißes Wasser · 2 Eßl. Sojasauce · 2 Eßl. Öl · 2 Zwiebeln · 2 Knoblauchzehen · 1 kleine Möhre (etwa 50 g) · 2 Eier
Zum Braten: Öl

Pro Portion etwa 1550 Joule/370 Kalorien, 28 g Eiweiß
Zubereitungszeit: 30 Minuten

Das Sojamark mit dem Sojamehl, den Haferflokken, den Kräutern, dem Paprikapulver und dem Pfeffer mischen. Das heiße Wasser, die Sojasauce und das Öl darübergießen und die Mischung gut umrühren. Die Zwiebeln und Knoblauchzehen schälen und feinschneiden. Die Möhre waschen, putzen und reiben. Oder das Gemüse grob zerschneiden und zusammen in der Moulinette zerkleinern. Das vorbereitete Gemüse und die Eier zu der Sojamarkmischung geben und gründlich verrühren. Öl in einer Pfanne erhitzen. Aus dem Teig mit nassen Händen kleine Frikadellen formen und im heißen Fett auf beiden Seiten in jeweils 7–8 Minuten bei mittlerer Hitze knusprig braun braten.

Das paßt dazu: Kartoffeln, Naturreis, Vollkornnudeln oder Brot und beliebige Rohkostsalate sowie eventuell Miso-, Champignon- oder Zwiebelsauce oder Tofumayonnaise (Rezepte Seite 66–68).

Tip: Dieses Rezept eignet sich gut für Fleischfrikadellen mit Sojazusatz. Daß darin außer Fleisch noch etwas anderes enthalten ist, wird niemand merken. Das gekörnte Sojamark nimmt den Fleischsaft und -geschmack gut auf. Als Faustregel gilt, daß man bis zu ¼ des Fleischgewichts durch trockenes gekörntes Sojamark ersetzen kann. Zum Beispiel könnten Sie zu diesem Rezept 600 g gemischtes Hackfleisch verwenden: das Sojamehl und die Haferflocken weglassen, das Sojamark nur mit dem heißen (¼ l) Wasser übergießen und alle übrigen Zutaten in dreifacher Menge dazugeben. 3 Eier genügen jedoch, um diese Masse zu binden. Das Ganze gründlich mischen und Frikadellen auf Vorrat daraus braten; sie können im Gefriergerät für längstens 3 Monate aufbewahrt werden.

Okarafrikadellen

1 große Zwiebel · 300 g Möhren · 300 g Okara, roh oder gedämpft (Rezept Seite 25) · 2 gestrichene Teel. Kräutersalz · 1½ Teel. Delikata · 2 Messerspitzen geriebene Muskatnuß · 2 Eier
Zum Braten: Öl

Pro Portion etwa 895 Joule/215 Kalorien, 9 g Eiweiß
Zubereitungszeit: 30 Minuten

Die Zwiebel schälen und feinschneiden. Die Möhren waschen, putzen und reiben. Oder die Zwiebel und die Möhren grob zerschneiden und dann zusammen in der Moulinette fein zerkleinern. Das vorbereitete Gemüse, das Okara, die Gewürze und die Eier gründlich miteinander mischen. Das Öl in einer Pfanne erhitzen. Mit nassen Händen aus dem Teig kleine Frikadellen formen und diese im heißen Fett von beiden Seiten in jeweils 10 Minuten zugedeckt knusprig braun braten.

Das paßt dazu: grüne Salate oder Sellerie-Apfel-Salat.

Pasteten und Aufläufe

Aufläufe und Pasteten sind immer etwas Gutes. Mit Soja wird der Geschmack voll und rund. Da wir in der Vollwertküche nicht das Übliche kopieren wollen, lassen wir der Phantasie freien Lauf und machen Neues mit Sojazutaten. Sicher werden die Rezepte dieses Kapitels Sie zu eigener Kreativität anregen, wobei die »Fachausdrücke« (Pasteten, Aufläufe) auf diese Neuschöpfungen nicht so streng angelegt werden müssen.
Nur einen Auflauf im Backofen zu garen, ist schon ein wenig Energieverschwendung, wenn ich auch zugeben muß, daß er so (mit Butterflöckchen belegt und goldbraun überkrustet) am schönsten aussieht. Aber es geht auch anders. Wenn Sie als Auflaufform eine große Edelstahl- oder Emailpfanne (mit hitzebeständigem Griff!) benutzen, sparen Sie Backzeit, da das Gefäß die Hitze gut aufnimmt und weitergibt und da in der flachen Pfanne die Masse schneller »durch« ist. Am schnellsten und mit dem geringsten Energieaufwand geht es aber auf dem Herd in einer geräumigen Deckelpfanne.

In einer Servierpfanne aus Edelstahl (siehe Seite 100) gelingt ein Auflauf ausgezeichnet, und die Pfanne sieht auch bei Tisch gut aus.

Damit der Auflauf in der Pfanne nicht »ansetzt«, sollten Sie sie vor dem Einfüllen der Auflaufmasse mit etwas Fett gut erhitzen und dann das Gericht bei kleiner bis mittlerer Hitze und fest geschlossenem Deckel garen. Das dauert etwa 30 Minuten. Wenn Sie den Auflauf in der Pfanne ohne Deckel im Backofen garen wollen, belegen Sie ihn mit Butterflöckchen, schieben ihn auf die mittlere Schiebeleiste in den kalten Backofen und lassen ihn in etwa 45 Minuten bei 220 °C (konventionell) oder bei 175 °C (Heißluft) fest werden. Wenn Sie statt der Pfanne eine Auflaufform aus Glas oder Keramik verwenden, dauert es etwa 60 Minuten.

Umgedrehte Lauchtorte

100 g gelbe Sojabohnen oder Sojaschrot · 100 g Weizen · 2 Teel. Kümmel · 2 gestrichene Eßl. Vollsojamehl · 2 gestrichene Teel. Kräutersalz · 1 gestrichener Teel. Delikata · 2 Messerspitzen Muskatblüte (Macis) · 2 Eier · ¼ l kohlensäurereiches Mineralwasser · 1 große Stange Lauch/Porree (etwa 300 g) · ½ Tasse Öl
Zum Garnieren: eventuell geriebener Käse und Tomaten

Pro Portion etwa 1665 Joule/395 Kalorien,
18 g Eiweiß
Zubereitungszeit: 20 Minuten
Garzeit: 20 Minuten

Die Sojabohnen zu Schrot mahlen (siehe Seite 19). Das Sojaschrot in einer schweren Pfanne bei mittlerer Hitze unter gelegentlichem Wenden rösten, bis es hellgoldbraun ist und angenehm duftet (etwa 5 Minuten). Fertig gekauftes Sojaschrot ist bereits geröstet. Den Weizen mit dem Kümmel zu feinem Schrot mahlen. Alle Zutaten bis auf den Lauch und das Öl zu einem weichen Teig verrühren. Die Lauchstange längs halbieren, gut waschen und quer in etwa 1 cm dicke Scheiben schneiden. Das Öl in einer Deckelpfanne erhitzen, die Lauchstücke hineinschütten und den

Teig mit einem Löffel gleichmäßig über dem Lauch verteilen. Zugedeckt (Ventil geschlossen) bei kleiner Hitze 10 Minuten braten, dann mit Hilfe eines flachen Tellers wenden und nochmals 10 Minuten zugedeckt braten. In der Pfanne servieren und wie eine Torte aufschneiden.

Variante: Sie können aus dem Teig und dem geschnittenen Lauch auch kleine Küchle backen, wenn Sie den Teig auf zwei Pfannen verteilen beziehungsweise nacheinander Küchle backen. Dann genügen auf jeder Seite 5 Minuten Backzeit. Geriebener Käse dazu oder daraufgestreut schmeckt sowohl zur Torte als auch zu den Lauchküchle. Mit Tomaten garniert sieht's noch hübscher aus.

Das paßt dazu: Tomatensalat oder grüner Salat.

Quiche au soya

Bild Seite 18

Diese Quiche sieht hübsch aus und schmeckt kalt am besten. Daher ist sie das ideale Gericht für ein Abendessen mit Gästen oder fürs kalte Buffet, denn man kann sie schon am Morgen zubereiten.

Zutaten für eine Springform von 26 cm ∅:
Für den Teig:
200 g Weizen · 50 g Vollsojamehl · 2 gestrichene Teel. Weinstein-Backpulver · 1 gestrichener Teel. Kräutersalz · 1 gestrichener Teel. Delikata · 1 Ei · 125 g Butter oder Margarine
Für die Form: Margarine oder Butter
Für den Belag:
300 g gekochte gelbe Sojabohnen, abgetropft (Rezept Seite 21) · 100 g tiefgefrorene grüne Erbsen · 3 Eier · 150 g Crème fraîche · 2 gestrichene Teel. Kräutersalz · 1 gestrichener Teel. Delikata · 1 Messerspitze Muskatblüte (Macis) · 2 Messerspitzen weißer Pfeffer · eventuell gehackte Petersilie

Pro Stück (12 Stücke) etwa 1160 Joule/275 Kalorien, 11 g Eiweiß
Zubereitungszeit: 15–20 Minuten
Backzeit: 40 Minuten bei 200 °C (konventionell) oder bei 150 °C (Heißluft)

Den Weizen mehlfein mahlen, dann mit dem Sojamehl, dem Backpulver, dem Salz und dem Delikata mischen. Auf ein Backbrett schütten und in die Mitte eine Vertiefung drücken. In die Mulde das Ei geben und mit einem Messer rasch mit etwas Mehl mischen. Das in Stücke geschnittene kalte Fett obenauf verteilen und alles zusammen schnell von außen nach innen zu einem festen Teig verkneten. Den Teig in der Größe der Form ausrollen. Die Backform fetten. Den Teig auf den Boden der Form legen und mit den Fingern ringsum als dünnen Rand hochdrücken. Die Sojabohnen auf dem Teig verteilen und die Erbsen gleichmäßig darüberstreuen. Die Eier mit der Crème fraîche und den Gewürzen gut verquirlen, gleichmäßig über die Bohnen und Erbsen gießen und eventuell noch mit einem Löffel verteilen. Nach Belieben den Guß noch mit Petersilie bestreuen. Die Quiche wie oben angegeben bakken.

Variante: Knabbergebäck
Formen Sie aus dem Teig 2 Rollen von etwa 4 cm ∅ und stellen Sie sie für etwa 30 Minuten in den Kühlschrank. Schneiden Sie dann etwa 3 mm dicke Scheiben davon ab und backen Sie die Plätzchen 30 Minuten bei 180 °C (konventionell) oder bei 150 °C (Heißluft) auf einem gefetteten Backblech. In der gut verschlossenen Blechdose bleiben sie 14 Tage frisch und schmecken gut zum Wein.

Sauerkrautpastete

Für den Teig:
500 g Kartoffeln · 50 g Buchweizen · 50 g Weizen · 50 g Vollsojamehl · 2 Eier · 2 Eßl. Öl · 1 gestrichener Teel. Koch- oder Meersalz · ½–1 Teel. Endoferm nach Geschmack
Zum Ausrollen: etwas Vollweizenmehl
Für die Form: Butter oder Margarine
Für die Füllung:
250 g Sauerkraut · 250 g gekochte gelbe Sojabohnen, abgetropft (Rezept Seite 21) · 2 Eßl. Olivenöl · ½–1 Teel. Knoblauchgranulat · 2 Messerspitzen edelsüßes Paprikapulver · etwa 1 Messerspitze frisch gemahlener schwarzer Pfeffer · 1 Lorbeerblatt · etwas Olivenöl oder Butter

Pro Portion etwa 2090 Joule/500 Kalorien, 26 g Eiweiß
Garzeit: 30 Minuten
Zubereitungszeit: 15–20 Minuten
Backzeit: 30 Minuten bei 220 °C (konventionell), mittlere Schiebeleiste, oder bei 175 °C (Heißluft)

Die Kartoffeln mit der Schale gar kochen (etwa 30 Minuten), mit kaltem Wasser abschrecken, sofort schälen und durch eine Kartoffel- oder Spätzlepresse drücken (oder, falls beides nicht vorhanden ist, mit einem Kartoffelstampfer zu Mus drücken). Den Buchweizen und den Weizen mehlfein mahlen. Das Buchweizen-, Weizen- und Sojamehl, die Eier, das Öl, das Salz und das Endoferm zur Kartoffelmasse geben und alles schnell und gründlich verkneten. Eine kleine Springform (24–26 cm Ø) oder eine Auflaufform ausfetten. Gut die Hälfte vom Teig ausrollen und auf den Boden der Form legen. Aus der Hälfte des restlichen Teiges kleinfingerdicke Rollen formen und diese als Rand flach in die Form drükken. Für die Füllung das Sauerkraut feinschneiden, mit den Sojabohnen, dem Öl und den Gewürzen mischen. Auf dem Teig verteilen. Das Lorbeerblatt hineinstecken. Den restlichen Teig dünn ausrollen und auf die Füllung legen. Mit Olivenöl bepinseln oder mit Butterflöckchen belegen und mit einer Gabel mehrmals einstechen. Die Pastete wie oben angegeben backen.

Das paßt dazu: grüner Salat.

Feine Gemüsetorte

Wenn Sie etwas Besonderes zum Abendessen suchen, ist diese Gemüsetorte das Richtige.

Zutaten für eine Springform von 26 cm Ø:
1 große Stange Lauch/Porree (etwa 300 g) · 2 Möhren (etwa 200 g) · 2 Eßl. Butter · 75 g Walnußkerne · 150 g Sojaschrot (siehe Seite 19) · 50 g Weizen · 1 gestrichener Teel. Backpulver · 1 gestrichener Teel. Kräutersalz · 1 gestrichener Teel. Delikata · ½ Teel. Endoferm · 1 Becher saure Sahne (200 g) · 1 Eßl. Sojasauce · 5 Eier
Für die Form: Butter oder Margarine
Zum Garnieren: 12 Walnußhälften · eventuell 2–3 Tomaten und 100 g Käse

Pro Stück (12 Stücke) etwa 750 Joule/180 Kalorien, 10 g Eiweiß
Zubereitungszeit: 20 Minuten
Backzeit: 30 Minuten bei 190 °C (konventionell) oder bei 150 °C (Heißluft)

Die Lauchstange längs vierteln, waschen, putzen und in feine Scheiben schneiden. Die Möhren waschen, putzen und feinreiben oder in der Moulinette zerkleinern. Die Butter in einer Pfanne erhitzen und das zerkleinerte Gemüse darin etwa 5 Minuten auf kleiner Hitze unter gelegentlichem Wenden anbraten. Die Nüsse grobreiben und zusammen mit dem Sojaschrot zum Gemüse geben. Alles zusammen etwa 5 Minuten weiterbraten. Den Weizen mehlfein mahlen, mit dem Backpulver und den Gewürzen mischen. Die saure Sahne mit der Sojasauce und den 5 Eigelben verquirlen, dann in die Mehlmischung rühren. Die Eiweiße steif schlagen. Das gedünstete Gemüse und die Mehl-Sahne-Mischung miteinander verrühren. Den Eischnee vorsichtig unterziehen. Die Masse in eine gefettete Springform füllen. Die Nußhälften als Dekoration darauf verteilen. Die Gemüsetorte wie oben angegeben backen. Die fertige Torte nach Wunsch noch mit Tomatenhälften oder -vierteln und Käse-Dreiecken garnieren. Warm servieren.

Piroggen mit verschiedenen Füllungen

Die bekannte russische Spezialität in Soja-Abwandlung. Damit sich die Arbeit lohnt, habe ich die Mengen für 6–8 Portionen angegeben.

Für den Teig:
500 g Weizen · 50 g Vollsojamehl · 1 Würfel Hefe (40 g) · etwa 350 ccm lauwarmes Wasser · 4 Eßl. Öl · 1 gestrichener Teel. Koch- oder Meersalz
Zum Bestreichen: 1 Ei oder etwas Milch
Für das Backblech: Butter oder Margarine
Füllung für Reispiroggen:
2 Tassen Naturreis · 4 Tassen Wasser · 2 gestrichene Teel. gekörnte Gemüsebrühe · 2 Eßl. Butter · 2 Zwiebeln · 200 g Stein-Champignons · 40 g gekörntes Sojamark · frisch gemahlener schwarzer Pfeffer · 1 Becher saure Sahne (200 g) · 1 Eßl. feingehackte Petersilie
Oder Füllung für Kohlpiroggen:
2 Eßl. Butter · 2 Zwiebeln · 40 g gekörntes Sojamark · 750 g Weißkohl · etwa 1 Tasse Wasser · ½ Becher Sahne (100 g) · gekörnte Gemüsebrühe · 1 Eßl. feingehackte Petersilie
Oder Füllung für Möhrenpiroggen:
2 Eßl. Butter · 2 Zwiebeln · 40 g gekörntes Sojamark · 750 g Möhren · ½ Becher Sahne (100 g) · 2–3 Messerspitzen Delikata · 1–2 Messerspitzen weißer Pfeffer · gekörnte Gemüsebrühe · 1 Eßl. feingehackte Petersilie

Pro Portion Reispirogge (8 Portionen) etwa 1875 Joule/450 Kalorien, 15 g Eiweiß
Zubereitungszeit: 1 Stunde
Backzeit: 30 Minuten bei 250 °C (konventionell), mittlere Schiebeleiste, oder bei 200 °C (Heißluft)

Für den Teig den Weizen mehl- oder staubfein mahlen und in einer Schüssel mit dem Sojamehl mischen. In die Mitte eine Vertiefung drücken, die Hefe hineinbröckeln, das Wasser darübergießen und die Hefe mit etwas Mehl und dem Wasser verrühren. Zugedeckt etwa 15 Minuten gehenlassen. Dann das Öl und das Salz zufügen und alles mit den Knethaken einer Küchenmaschine oder von Hand zu einem geschmeidigen Teig kneten. Den Hefeteig an einem warmen Platz zugedeckt etwa 30 Minuten gehenlassen. Inzwischen die gewünschte Füllung bereiten.
Für die Reisfüllung den Reis mit dem Wasser und der gekörnten Brühe in etwa 35–40 Minuten gar kochen. Die Butter in einer Pfanne zerlaufen lassen. Die Zwiebeln schälen, feinschneiden und in der Butter glasig braten. Die Pilze waschen, putzen, in Scheiben schneiden und mit dem Sojamark sowie dem Pfeffer in die Pfanne geben. Alles zusammen etwa 10 Minuten braten, dabei gelegentlich wenden. Den Inhalt der Pfanne zum Reis schütten, mit der sauren Sahne und der feingehackten Petersilie mischen und mit gekörnter Brühe abschmecken.
Für die Kohlfüllung die Butter in der Pfanne zerlaufen lassen. Die Zwiebeln schälen, feinschneiden und in der Butter glasig braten. Das Soja-

mark zufügen und alles in etwa 5 Minuten goldbraun braten, dabei gelegentlich wenden. Inzwischen den Weißkohl wie üblich putzen, waschen, vierteln und in Streifen schneiden. Die Kohlstreifen in die Pfanne schütten. Das Wasser darübergießen und den Kohl zugedeckt in etwa 10 Minuten fast gar dünsten. Die Sahne über den Kohl gießen und noch so lange offen bei starker Hitze garen, bis die Flüssigkeit fast verdampft ist. Mit gekörnter Brühe abschmecken und die feingehackte Petersilie untermischen.
Für die Möhrenfüllung die Butter, die feingeschnittenen Zwiebeln, das Sojamark, die Möhren (geputzt und gewürfelt) sowie die Sahne genauso garen, wie unter Kohlfüllung beschrieben. Mit den Gewürzen abschmecken und die feingehackte Petersilie untermischen.
Den gegangenen Hefeteig nochmals durchkneten und dünn ausrollen. Aus dem Teig können Sie nun entweder zwei große Piroggen backen oder vier kleinere oder ganz kleine Piroggen (in der Größe von Apfeltaschen). Den Rand jedes Teigvierecks mit verquirltem Ei oder Milch bestreichen, die Füllung auf die eine Hälfte des Vierecks häufen, die andere Hälfte darüber klappen, so daß Sie die Ränder zusammendrücken können. Die Piroggen auf ein gefettetes Backblech setzen und mit Ei oder Milch bestreichen. Wie oben angegeben backen. Warm servieren.

Das paßt dazu: heiße Gemüsebrühe (aus gekörnter Brühe zubereitet) und Salat.

Pizza Torino

Bild Umschlag-Vorderseite

Die Zutaten reichen für eine Pizzaform von 30 cm Durchmesser. Für 1 Backblech müssen Sie die Mengen verdoppeln.

Für den Teig:
200 g Weizen · 1 gestrichener Teel. Weinstein-Backpulver · 100 g Tofu · 3 Eßl. Olivenöl · 1 Eßl. Sojasauce · 1 Ei
Zum Ausrollen: Vollweizenmehl
Für die Form: etwas Margarine oder Öl
Für den Belag:
1 große Zwiebel · 2 Knoblauchzehen · 4 Eßl. Olivenöl · 300 g Tofu · 2 Eßl. Sojasauce · 10 getrocknete schwarze Oliven · 10 frische Basilikumblätter oder 1 Teel. getrocknetes, gerebeltes Basilikum · etwas schwarzer Pfeffer aus der Mühle · 500 g Tomaten

Pro Portion etwa 2080 Joule/485 Kalorien,
21 g Eiweiß
Zubereitungszeit: 40 Minuten
Backzeit: 30 Minuten bei 220 °C (konventionell) oder bei 175 °C (Heißluft)

Den Weizen mehlfein mahlen und mit dem Backpulver mischen. Den Tofu durch ein Sieb streichen. Das Mehl auf ein Backbrett schütten und in die Mitte eine Vertiefung drücken. In die Mulde den Tofu, das Öl, die Sojasauce und das Ei geben. Von außen nach innen alle Zutaten schnell zu einem glatten Teig verkneten. Oder alle Zutaten mit den Schneebesen des elektrischen Handrührgerätes oder dem Teigrührer einer Küchenmaschine zu einem glatten Teig verarbeiten; in diesem Fall brauchen Sie den Tofu nur grob zu zerkleinern. Den Teig mit etwas Mehl in der Größe der Pizzaform ausrollen und in die gefettete Form legen. Den Pizzaboden 10 Minuten

bei der angegebenen Temperatur auf der unteren Schiebeleiste vorbacken.
Für den Belag die Zwiebel und die Knoblauchzehen schälen, die Zwiebel halbieren, dann in dünne Ringe und die Knoblauchzehen in dünne Scheibchen schneiden. Beides im Olivenöl glasig braten, mit einem Schaumlöffel aus der Pfanne nehmen und beiseite stellen. Den Tofu in etwa 3 mm dicke Scheiben schneiden und in einen Suppenteller legen. Die Sojasauce mit dem Öl aus der Pfanne mischen und gleichmäßig über die Tofuscheiben gießen. Die Oliven von den Kernen befreien und grob zerkleinern. Die frischen Basilikumblätter waschen und feinschneiden. Die zerkleinerten Oliven und das Basilikum über den Tofu streuen, etwas Pfeffer darübermahlen. Die Tofuscheiben so in der Mischung wenden, daß sie gut durchziehen können. Die Tomaten waschen und in Scheiben schneiden. Den vorgebackenen Pizzaboden damit belegen und etwas Pfeffer darübermahlen. Die Tofuscheiben gleichmäßig darauf verteilen und die Marinade darübergießen. Die Zwiebelringe obenauf verteilen und die Pizza noch 20 Minuten auf der mittleren oder oberen Schiebeleiste wie oben angegeben backen.

Variante: Knabberstangen
Rollen Sie den Pizzateig messerrückendünn aus, bestreichen Sie ihn mit einer Mischung aus Wasser und Olivenöl und mahlen etwas schwarzen Pfeffer darüber. Schneiden Sie den Teig in ½–1 cm breite Streifen von beliebiger Länge und belegen Sie diese mit entkernten, grob zerkleinerten getrockneten schwarzen Oliven. Backen wie den Pizzaboden. Die Knabberstangen schmecken sehr gut zu den etwas schweren französischen Rotweinen aus biologischem Anbau.

Wer selbst Sojamilch und Tofu macht, der wird für die folgenden Rezepte dankbar sein. Kann man doch darin jeweils 500 g Okara »verstekken«, ohne daß man es merkt, und bekommt ein leichtes, wohlschmeckendes Gericht. Zur Abwechslung, oder wenn Sie Sojamilch und Tofu nicht selbst herstellen und also kein Okara zur Verfügung haben, können Sie gekochte Hirse (Rezept Seite 65) für die folgenden Aufläufe nehmen.

Okara-Gemüse-Auflauf

500 g gedämpftes Okara (Rezept Seite 25), ersatzweise 500 g gekochte Hirse (Rezept Seite 65) · 750 g frischer Blattspinat · 1 große Zwiebel · etwas Butter · 50 g Weizen oder Gerste · 1½ Eßl. gekörnte Gemüsebrühe · 2–3 Eßl. Edelhefeflocken · 1 gestrichener Teel. Delikata · 2 Messerspitzen Muskatnuß oder Muskatblüte (Macis) · 4 Eigelbe · ½ Tasse Sahne oder Wasser · 4 Eiweiße

Pro Portion etwa 1345 Joule/320 Kalorien,
23 g Eiweiß
Zubereitungszeit: 20 Minuten
Garzeit je nach Methode (siehe Seite 40):
20–60 Minuten

Das wie auf Seite 25 vorbereitete Okara bereitstellen. Den Spinat waschen, verlesen, dann in wenig Wasser (eventuell das Dämpfwasser vom Okara) aufkochen und zusammenfallen lassen. Den Spinat sofort auf ein Sieb schütten, abtropfen lassen und grobhacken. Die Zwiebel schälen, feinwürfeln und in etwas Butter goldgelb braten. Das Getreide mehlfein mahlen. Das Mehl mit der gekörnten Brühe, den Hefeflocken, dem Delikata und dem Muskat mischen. Die Eigelbe, die Sahne oder das Wasser, das Okara sowie den vorbereiteten Spinat und die Zwiebel zufügen. Alles gut mischen. Die Eiweiße steif schlagen und vorsichtig unterziehen. Die Mischung in gefetteter Pfanne auf dem Herd oder in der Form im Backofen, wie auf Seite 40 beschrieben, fest werden lassen. Den Auflauf sofort servieren.

Das paßt dazu: grüner oder ein anderer Rohkostsalat.

Variante: Bohnenauflauf
Statt Spinat 200 g Stein-Champignons, ersatzweise Waldpilze, zum Beispiel Maronen, sowie 500 g frische oder tiefgefrorene grüne Bohnen waschen, putzen und zerkleinern; tiefgefrorene Bohnen noch gefroren verwenden. Die Pilze mit der Zwiebel zugedeckt fast gar dämpfen. Die Bohnen in wenig Wasser garen (frische 30 tiefgefrorene 20 Minuten). Den Auflauf statt mit Muskat mit schwarzem Pfeffer und 1 gestrichenen Teelöffel edelsüßem Paprikapulver würzen.

Variante: Lauchauflauf
Wie Bohnenauflauf, doch statt Bohnen und Stein-Champignons 500 g Lauch/Porree und 200 g frische Zuchtchampignons verwenden. Den in 1 cm breite Stücke geschnittenen Lauch zusammen mit den Pilzen in 10–15 Minuten fast gar dämpfen. Ebenfalls mit Pfeffer und Paprika würzen.

Variante: Blumenkohlauflauf
Verwenden Sie als Gemüse 750 g Blumenkohl und/oder Brokkoli (wegen der Farbe am schönsten gemischt). Den Kohl waschen, putzen, in Röschen teilen und in wenig Wasser in 10–15 Minuten fast gar kochen oder dämpfen. Die Zwiebel weglassen. Diesen Auflauf mit Muskat (wie im Grundrezept) würzen.

Variante: Möhren-Erbsen-Auflauf
Als Gemüse 500 g Möhren, gewaschen, geputzt und gewürfelt, sowie 300 g frische oder tiefgefrorene grüne Erbsen zusammen in wenig Wasser in 10–15 Minuten fast gar kochen oder dämpfen. Auch hier die Zwiebel weglassen und die Auflaufmasse mit Muskat würzen.

Okara-Obst-Auflauf

Dieser Auflauf ist eine komplette süße Hauptmahlzeit.

400 g gedämpftes Okara (Rezept Seite 25), ersatzweise 400 g gekochte Hirse (Rezept Seite 65) · 500 g Obst, zum Beispiel Stachelbeeren, Sauerkirschen, Brombeeren, Himbeeren und/oder säuerliche Äpfel · 50 g Weizen oder Gerste · ½–1 Teel. Delifrut · abgeriebene Schale von ½–1 Zitrone (Schale unbehandelt) · je 2 Messerspitzen Vanille und Zimt · 150 g Honig · 100 g Sahne · 4 Eier · 100 g geriebene Hasel- oder Walnüsse oder Mandeln

Pro Portion etwa 2700 Joule/640 Kalorien,
18 g Eiweiß
Zubereitungszeit: 15 Minuten
Garzeit je nach Methode: 30–60 Minuten (siehe Seite 40)

Das vorbereitete Okara oder die Hirse bereitstellen. Das Obst waschen, putzen, eventuell entsteinen. Äpfel vierteln, schälen, vom Kernhaus befreien und die Viertel nochmals längs teilen. Den Weizen oder die Gerste mehlfein mahlen, dann mit den Gewürzen, dem Honig, der Sahne und den 4 Eigelben verrühren. Die Eiweiße zu steifem Schnee schlagen. Das Okara oder die Hirse, die Nüsse oder Mandeln, das vorbereitete Obst und das angerührte Mehl miteinander mischen. Den Eischnee vorsichtig unterziehen. Nach einer der auf Seite 40 beschriebenen Methoden einen Auflauf zubereiten.

Herzhafte Gemüsegerichte

Daß Gemüse gesund ist, weiß jeder, mit Soja wird es noch wertstoffreicher. Zu den folgenden nahrhaften Gemüsemahlzeiten brauchen Sie nur noch Naturreis, Hirse, Vollkornnudeln oder Kartoffeln zu kochen und etwas Rohkost (möglichst zuvor) anzubieten; wenn es schnell gehen muß, genügen ein paar gewaschene Tomaten oder Gurke, geschälte Kohlrabi oder geputzte Möhren. Mit diesen »Gemüse-Protein«-Rezepten erschließen Sie sich ganz neue Gemüsegenüsse.

Mexiko-Gemüse mit gebratenem Tofu

Bild 4. Umschlagseite

400 g Tofu · ½ Tasse Vollkornbrösel · 1½ Teel. Kräutersalz · 2 Messerspitzen Piccata · ½ Tasse Sojaöl · 1 Zwiebel · 1 Zucchino oder 1 Salatgurke (etwa 600 g) · je 2 grüne und rote Paprikaschoten · 1 Dose Maiskörner (285 g Gemüseeinwaage) · ½ Teel. edelsüßes Paprikapulver · 1 Bund Schnittlauch

Pro Portion etwa 1675 Joule/400 Kalorien,
17 g Eiweiß
Zubereitungszeit: etwa 30 Minuten

Den Tofu in etwa ½ cm dicke Scheiben und die Scheiben in 1½ cm große Würfel schneiden. Die Tofuwürfel auf Küchenkrepp legen und gut trokkentupfen. Die Vollkornbrösel in einem Suppenteller mit ½ Teelöffel Kräutersalz und 1 Messerspitze Piccata mischen. Die Tofuwürfel darin wälzen (in zwei Partien), so daß sie ringsum mit Bröseln bedeckt sind. Das Öl in einer großen Pfanne erhitzen und die Tofuwürfel darin in etwa 10 Minuten unter gelegentlichem Wenden bei mittlerer Hitze goldbraun braten. Inzwischen die Zwiebel schälen und feinschneiden. Den Zucchino waschen oder die Gurke schälen (falls nicht aus biologischem Anbau), längs vierteln und quer in 1 cm dicke Würfel schneiden. Den gebratenen Tofu aus der Pfanne nehmen. Die feingeschnittene Zwiebel in der Pfanne im verbliebenen Fett glasig braten. Die Paprikaschoten längs achteln, waschen, vom Stengelansatz und den Kernen befreien und quer in etwa ½ cm breite Streifen schneiden. Das vorbereitete Gemüse zu den Zwiebelwürfeln geben und etwa 5 Minuten unter Wenden bei mittlerer Hitze rasch anbraten. Die Maiskörner mit der Dosenflüssigkeit zufügen. 1 Teelöffel Kräutersalz, 1 Messerspitze Piccata und das Paprikapulver mischen, das Gemüse damit bestreuen und umrühren. Die Pfanne zudecken und das Gemüse in etwa 10 Minuten auf kleiner Hitze gar dünsten. Die Tofuwürfel unter das Gemüse mischen und die Pfanne zugedeckt noch 5 Minuten stehenlassen, damit der Tofu sich wieder erwärmt und »durchzieht«.
Mit feingeschnittenem Schnittlauch bestreuen.

Sprossengemüse

Zutaten für 2 Portionen:
300 g frische Sojasprossen (Rezept Seite 19) · 1–2 Eßl. Butter oder Sojaöl · 1–2 Eßl. Sojasauce

Pro Portion etwa 190 Joule/45 Kalorien,
4 g Eiweiß
Zubereitungszeit: 15 Minuten

Die Sojasprossen mehrmals gründlich waschen (dabei nicht gekeimte Bohnen und Samenhülsen soweit wie möglich entfernen) und auf einem Sieb gut abtropfen lassen. Das Fett in einer geräumigen Pfanne erhitzen, die Sprossen hineingeben und in gut 5 Minuten unter häufigem Wenden bei mittlerer Hitze zusammenfallen lassen. Die Sojasauce darübergießen und das Gemüse sofort servieren.

Buttererbsen oder -bohnen mit Tofu

500 g Zuckerschoten (Kefen) oder frische oder tiefgefrorene grüne Bohnen oder 300 g frische oder tiefgefrorene grüne Erbsen · 2 Eßl. Butter · 1 kleine Zwiebel · 300 g Tofu · 1 gestrichener Teel. Kräutersalz · 1 gestrichener Teel. Delikata · 2 Teel. frisches, feingehacktes oder 1 Teel. getrocknetes, gerebeltes Basilikum · 1 Eßl. feingehackte Petersilie

Pro Portion etwa 775 Joule/200 Kalorien, 10 g Eiweiß
Zubereitungszeit: 20–35 Minuten

Die Zuckerschoten oder die frischen Bohnen waschen und von Spitzen, Fäden und Stengelansatz befreien. Die Zuckerschoten ganz lassen und in wenig Wasser 10 Minuten kochen oder die grünen Bohnen in 4–5 cm lange Stücke schneiden beziehungsweise brechen und, ebenfalls in wenig Wasser, 20 Minuten kochen, tiefgefrorene Bohnen 15 Minuten. Frische oder tiefgefrorene grüne Erbsen 5 Minuten kochen lassen. Inzwischen die Butter in einem zweiten Topf zerlaufen lassen. Die Zwiebel schälen, feinschneiden und in der Butter glasig braten. Den Tofu abtropfen lassen und in etwa 1 cm große Würfel schneiden. Die Tofuwürfel zur Zwiebel geben, das Kräutersalz mit dem Delikata mischen und darüberstreuen. Vorsichtig umrühren und den Tofu etwa 5 Minuten zugedeckt auf kleiner Hitze dünsten. Das vorgekochte Gemüse mit einem Schaumlöffel in den Topf mit dem Tofu heben, das Basilikum zufügen und alles zusammen noch 5–10 Minuten auf kleiner Hitze zugedeckt gar dünsten. Das fertige Gericht vorsichtig umrühren. Die feingehackte Petersilie daruntermischen und aufstreuen.

Kartoffelpfanne

Ein unkompliziertes und schnelles Gericht, das nicht nur köstlich schmeckt, sondern auch so aussieht.

1 große Zwiebel · etwa 1 Eßl. Butter oder Öl · 1 kg Kartoffeln · schwarzer Pfeffer aus der Mühle · 300 g frische oder tiefgefrorene grüne Erbsen · 400–500 g Tofu · ¼ l warmes Wasser · 2 gestrichene Eßl. gekörnte Gemüsebrühe · 1 Teel. frisches, feingehacktes oder getrocknetes, gerebeltes Basilikum · 1 gestrichener Teel. Delikata · 1 Bund Schnittlauch

Pro Portion etwa 1750 Joule/415 Kalorien, 24 g Eiweiß
Zubereitungszeit: 25–30 Minuten (tiefgefrorene Erbsen zuvor antauen lassen)

Die Zwiebel schälen und würfeln. Das Fett in einer großen Deckelpfanne erhitzen. Die Zwiebelwürfel im Fett glasig braten. Inzwischen die Kartoffeln dünn schälen oder gründlich bürsten (wenn aus biologischem Anbau und noch ohne Keime) und in Scheiben schneiden. Die Kartoffelscheiben gleichmäßig über den Zwiebeln verteilen und schwarzen Pfeffer darübermahlen. Die Erbsen auf die Kartoffeln streuen. Den Tofu in etwa ½ cm dicke Würfel schneiden und auf den Erbsen verteilen. Das Wasser, die gekörnte Brühe, das Basilikum und das Delikata verquirlen und gleichmäßig über den Tofu gießen. Den Deckel schließen (Ventil zu) und alles zusammen in etwa 15–20 Minuten garen. Den feingeschnittenen Schnittlauch kurz vor dem Servieren über das Gericht streuen.

Grüne Bohnen bourguignonne

150 g Sojamarkwürfel · knapp 1 l Wasser · reichlich ⅛ l Rotwein, zum Beispiel französischer Landwein · 1 gestrichener Eßl. gekörnte Gemüsebrühe · 2 Messerspitzen frisch gemahlener schwarzer Pfeffer · 2 Messerspitzen Piccata · 500 g frische grüne Bohnen · ½ Teel. Koch- oder Meersalz · 1–2 Zweige frisches oder 1–2 Teel. getrocknetes, gerebeltes Bohnenkraut · 1 Bund Suppengrün · 4 Eßl. Olivenöl · 2 Zwiebeln · 2 Knoblauchzehen · 1 Eßl. Grünkern oder Roggen · etwa 3 Messerspitzen frisch gemahlener schwarzer Pfeffer · 1 Eßl. indonesische Sojasauce · 100 g Crème fraîche · eventuell etwas Kräutersalz · je 1 Eßl. feingeschnittene Petersilie und Schnittlauch

Pro Portion etwa 2075 Joule/500 Kalorien, 24 g Eiweiß
Vorbereitungszeit: 5 Minuten (am Abend zuvor)
Quellzeit: etwa 12 Stunden (über Nacht)
Zubereitungszeit: 15 Minuten
Garzeit: 25 Minuten

Am Abend zuvor das Sojamark mit ½ l Wasser, 2 Eßlöffeln Rotwein, der gekörnten Brühe, dem Pfeffer und 1 Messerspitze Piccata einmal aufkochen, dann zugedeckt über Nacht stehenlassen. Am nächsten Tag das Sojamark mit der Brühe in 20 Minuten auf kleiner Hitze garen und auf einem Sieb abtropfen lassen. Gleichzeitig die grünen Bohnen waschen, von Stengelansätzen, Spitzen und eventuell Fäden befreien, in etwa 4 cm lange Stücke brechen oder schneiden und mit ¼ l Wasser, dem Salz und 1 Zweig oder 1 Teelöffel Bohnenkraut 15 Minuten kochen. Inzwischen das Suppengrün waschen, putzen, kleinschneiden und noch etwa 10 Minuten mit den Bohnen kochen. Prüfen, ob beides gar ist. Das Öl in einer großen Pfanne erhitzen. Die Zwiebeln schälen und würfeln, die Knoblauchzehen ebenfalls schälen und feinschneiden. Zwiebeln und Knoblauch im Öl glasig braten. Das abgetropfte Sojamark zufügen und unter gelegentlichem Wenden bei mittlerer bis starker Hitze mit den Zwiebeln hellgoldgelb braten. Den Grünkern oder Roggen mittelgrob schroten. Den Schrot in die Pfanne streuen, unter Rühren noch ganz kurz mit anbraten, dann alles mit ⅛ l Wasser und ⅛ l Rotwein ablöschen. Das Gemüse (ohne Kochwasser und Bohnenkrautzweig) zufügen und alles gründlich mischen. Mit dem Pfeffer, 1 Messerspitze Piccata, der indonesischen Sojasauce, der Crème fraîche und eventuell Kräutersalz abschmecken. Die feingehackten Kräuter untermischen. Eine etwas andere Geschmacksnote bekommen Sie mit zusätzlich 1 Teelöffel frischem oder getrocknetem Bohnenkraut.

Das paßt dazu: Tomatensalat und Naturreis, Vollkornnudeln oder Kartoffeln.

Natto-Gemüse

400 g frische oder tiefgefrorene grüne Bohnen · 1 Tasse Wasser · 400 g Zucchini · 400 g Möhren · 2 säuerliche Äpfel · 2 Eßl. Butter · 1 große Zwiebel · 4 Eßl. Natto-Miso · feingeschnittene Kräuter (Petersilie, Schnittlauch, Dill und Liebstöckel)

Pro Portion etwa 810 Joule/190 Kalorien, 7 g Eiweiß
Zubereitungszeit: 30 Minuten (tiefgefrorenes Gemüse zuvor antauen lassen)

Die frischen Bohnen waschen, von Spitzen und Stengelansatz befreien, dann in 4–5 cm lange Stücke schneiden oder brechen. Die vorbereiteten oder die angetauten Bohnen mit dem Wasser in einen Topf füllen und 10 Minuten kochen. Inzwischen die Zucchini waschen, vom Stengelansatz befreien, längs vierteln und quer in 1 cm dikke Stücke schneiden. Die Möhren waschen, putzen und grob würfeln. Die Zucchini- und Möhrenwürfel zu den Bohnen geben und alles zusammen 15 Minuten kochen. Inzwischen die Äpfel vierteln, schälen, vom Kernhaus befreien und während der letzten 5 Minuten mit dem Gemüse kochen. Die Butter in einer Pfanne zerlaufen lassen. Die Zwiebel schälen, würfeln und in der Butter hellgoldbraun braten. Die gebratene Zwiebel und das Natto-Miso zum fertigen Gemüse geben, gut mischen und eventuell noch mit Natto-Miso abschmecken. Die feingeschnittenen Kräuter untermischen.

Das paßt dazu: gekochter Naturreis.

Sommergemüsepfanne

Für das Sojamark:
100 g Vollsojamehl · 1 gestrichener Teel. Kräutersalz · 1 gestrichener Teel. Delikata · 1 Messerspitze Muskatblüte (Macis) · 2 Eier · 3 Eßl. Wasser · 1 l Wasser · 1 gestrichener Teel. Koch- oder Meersalz
Für das Gemüse:
2 Eßl. Butter · 1 Zwiebel · 500 g Zuckerschoten (Zuckererbsen, Kefen) · 1 großer Kopf Eissalat · 1 Messerspitze frisch gemahlener weißer Pfeffer · je 1 Eßl. feingehackter Dill und Petersilie

Pro Portion etwa 1330 Joule/315 Kalorien,
21 g Eiweiß
Zubereitungszeit: 30 Minuten

Nach dem Rezept auf Seite 20 helles Sojamark zubereiten und mit einem Schaumlöffel aus der Kochbrühe heben. In einer großen Deckelpfanne oder einem großen, weiten Topf die Butter zerlaufen lassen. Die Zwiebel schälen, feinschneiden und in der Butter glasig braten. Inzwischen die Zuckerschoten waschen und die Fäden abziehen. Das Sojamark in kleine Würfel schneiden. Die Zuckerschoten und die Sojawürfel in die Pfanne oder den Topf schütten und unter gelegentlichem Wenden bei kleiner Hitze 5 Minuten anbraten. Mit ¼ l Kochbrühe vom Sojamark aufgießen, den Deckel schließen und die Zuckerschoten gut 5 Minuten garen. Inzwischen den Salatkopf vierteln, waschen und grob zerkleinern. Die Salatblätter und -stücke auf die Erbsen geben und zugedeckt bei mittlerer Hitze in etwa 5 Minuten zusammenfallen lassen. Mit dem Pfeffer bestreuen. Einen Teil der feingeschnittenen Kräuter dazugeben und alles vorsichtig mischen. Die restlichen Kräuter daraufstreuen.

Das paßt dazu: neue Kartoffeln oder Vollkornnudeln.

Feines Schalottengemüse

400 g Schalotten, ersatzweise kleine Zwiebeln · 4 Eßl. Olivenöl · 1 Eßl. Honig · 200 g gekochte gelbe Sojabohnen, abgetropft (Rezept Seite 21) · 1 gestrichener Eßl. gekörnte Gemüsebrühe · 4–5 Eßl. trockener Weißwein · 1 Teel. getrockneter, gerebelter Thymian · etwas frisch gemahlener schwarzer Pfeffer · 2 Eßl. feingehackte Petersilie

Pro Portion etwa 1080 Joule/250 Kalorien,
11 g Eiweiß
Zubereitungszeit: 20–25 Minuten

Die Schalotten schälen und halbieren, größere vierteln. Das Öl in einem kleinen Topf erhitzen, die vorbereiteten Schalotten hineinschütten und zugedeckt auf kleiner Hitze 10 Minuten dünsten, dabei einmal wenden. Den Honig, die Sojabohnen und die gekörnte Brühe zufügen und unter Rühren und bei starker Hitze in 2–3 Minuten etwas anbräunen. Mit dem Wein ablöschen. Den Topf vom Herd nehmen, den Thymian und den Pfeffer unterrühren. Das fertige Gericht mit der feingehackten Petersilie bestreuen.

Das paßt dazu: Kartoffelpüree (Rezept Seite 64) oder Naturreis oder helles Vollkornbrot.

Grünkohlpfanne

Ein kräftiges Essen für kalte Tage.

500 g Grünkohl · 1½ l Wasser · 2 gestrichene Teel. Koch- oder Meersalz · 4–5 Eßl. Öl · 1 große Zwiebel · 2 Eßl. Nackthafer · 2 Eßl. Roggen · 20 g Walnußkerne · 2 gestrichene Eßl. Vollsojamehl · 2 gestrichene Eßl. gekörnte Gemüsebrühe · 1 Messerspitze geriebene Muskatnuß · schwarzer Pfeffer aus der Mühle · 1 »Wurst« Hausmacherart von 200 g (pflanzlicher Brotaufstrich, Granovita)

Pro Portion etwa 1635 Joule/390 Kalorien,
18 g Eiweiß
Zubereitungszeit: 35 Minuten

Den Grünkohl von den Strünken und den harten Blattrippen befreien und unter fließendem Wasser gründlich waschen. Inzwischen 1 l Wasser mit dem Salz zum Kochen bringen und den Grünkohl darin in zwei Partien jeweils 1 Minute kochen, dann auf einem Sieb oder Durchschlag abtropfen lassen (blanchieren). Das Öl in einer großen Pfanne erhitzen. Die Zwiebel schälen und grob zerkleinern. Die Zwiebelwürfel im heißen Öl glasig werden lassen. Den Hafer und den Roggen mittelgrob schroten, die Nüsse grobreiben. Den Hafer- und Roggenschrot, die geriebenen Nüsse und das Sojamehl zu den Zwiebeln geben und alles zusammen unter gelegentlichem Umrühren goldbraun anrösten. Inzwischen den abgetropften Grünkohl feinschneiden. Die Kohlstreifen in die Pfanne geben und unter Rühren noch ganz kurz mit anrösten. Mit ½ l Wasser übergießen, die gekörnte Brühe darüberstreuen, etwas Muskatnuß darüberreiben und schwarzen Pfeffer nach Geschmack darübermahlen. Das Gemüse 10 Minuten bei nicht zu kleiner Hitze zugedeckt dünsten, dann alles gut mischen. Die »Wurst« in Scheiben schneiden und obenauflegen, das Gericht noch weitere 5 Minuten zugedeckt garen lassen.

Kohlrouladen

Daß die Füllung kein Fleisch enthält, schmecken Sie hier bestimmt nicht heraus. Lassen Sie die Familie oder Ihre Gäste raten, was in der Füllung steckt.

100 g Naturreis (1 Tasse) · 2 Tassen Wasser · 2 gestrichene Teel. gekörnte Gemüsebrühe · 1½–2 l Wasser · 1 großer Kopf Weißkohl (mindestens 1500 g) · 80 g Margarine · 2 Zwiebeln · 60 g gekörntes Sojamark · 1 gestrichener Teel. Pilzpulver · je 1 Teel. getrockneter, gerebelter Majoran und getrocknetes, gerebeltes Basilikum · 1 gestrichener Teel. Knoblauchsalz · 2 Messerspitzen frisch gemahlener schwarzer Pfeffer · 2 Messerspitzen Piccata · 3 Eßl. Tomatenmark · ½ Tasse Sojamilch oder saure Sahne · eventuell Kräutersalz
Für die Sauce: 1 gestrichener Eßl. frisch gemahlenes Grünkernmehl · 1 gestrichener Teel. Vollsojamehl · feingehackte Petersilie

Pro Portion etwa 1790 Joule/425 Kalorien, 15 g Eiweiß
Quellzeit: mindestens 3 Stunden
Zubereitungszeit: 40–50 Minuten

Den Reis mit 2 Tassen Wasser und der gekörnten Brühe einmal aufkochen, dann zugedeckt mindestens 3 Stunden stehen- und quellen lassen.
Den vorgequollenen Reis in etwa 20 Minuten gar kochen. In einem großen Topf 1½–2 l Wasser zum Kochen bringen. Den Weißkohl von unbrauchbaren Blättern befreien und mit einem scharfen Küchenmesser rings um den Strunk einschneiden. Den Kohlkopf ins kochende Wasser tauchen (blanchieren), dabei drehen, mit einem Schaumlöffel immer wieder herausnehmen und die blanchierten Blätter nach und nach ablösen. Aus den blanchierten Kohlblättern die Rippen flachschneiden. In einer Pfanne 50 g Margarine erhitzen. Die Zwiebeln schälen, würfeln und in der Margarine glasig braten. Das Sojamark zufügen und zusammen mit den Zwiebeln unter Rühren goldbraun braten. Das Gebratene unter den gegarten Reis (mit Kochwasser) mischen. Alle Gewürze und das Tomatenmark zufügen.

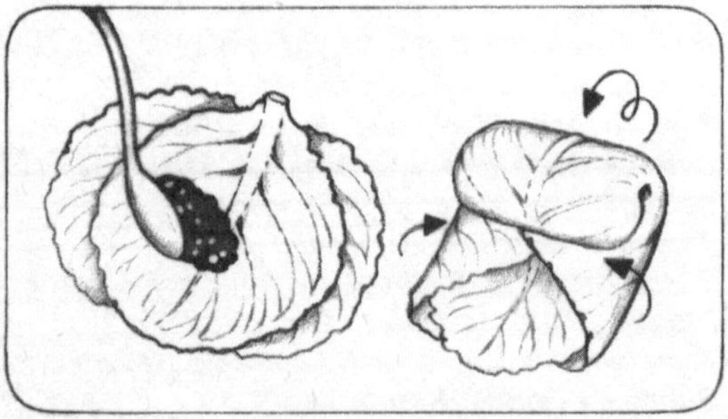

Die Rippen der Kohlblätter kann man heraus- oder nur flachschneiden. Dann werden sie fächerförmig aufeinandergelegt, gefüllt und aufgerollt.

Die Masse mit der Sojamilch oder sauren Sahne gründlich verrühren. Die Füllung eventuell mit Salz abschmecken. Je 3 Kohlblätter übereinanderlegen (gefächert, so daß eine größere Fläche entsteht) und die Füllung darauf verteilen. Die Blätter seitlich einschlagen und von vorn zusammenrollen. Die Rouladen mit Garn (Heftfaden oder Küchengarn) zusammenbinden. 30 g Margarine in der Pfanne erhitzen und die Rouladen darin von allen Seiten anbraten, dann 1 Tasse Blanchierwasser zufügen. Die Kohlrouladen zugedeckt in 15–20 Minuten gar dünsten. Das Grünkern- und Sojamehl mit etwas Wasser anrühren und die Sauce damit binden. Das Gericht mit feingehackter Petersilie anrichten.

Tip: Etwas Zeit und Mühe können Sie sparen, wenn Sie »Kohlmäuse« machen, das heißt wenn Sie die Kohlblätter nur über der Füllung zusammenklappen, mit dieser Seite (also glatte Seite nach oben) in die Pfanne legen und anbraten, Blanchierwasser zufügen und wie oben zugedeckt gar dünsten. Die Oberfläche bleibt dann weiß.

Varianten: Auch Gemüsezwiebeln, Gurken, Zucchini oder Auberginen schmecken, mit dieser Reis-Sojamark-Mischung gefüllt, sehr gut.

Linsen mit Spätzle

Einfach, aber gut schmeckt dieses schwäbische Alltagsgericht auch in der Soja-Abwandlung.

Für die Linsen:
100 g Linsen · ⅜ l Wasser · 1 Lorbeerblatt · 2 gestrichene Teel. Kräutersalz · 1 Bund Suppengrün · 50 g Butter · 1 große Zwiebel · 30–40 g gekörntes Sojamark · feingehackte Petersilie

Für die Spätzle:
50 g Weizen · 50 g Buchweizen · 25 g Vollsojamehl · Koch- oder Meersalz · 1 kleine Messerspitze Muskatblüte (Macis) · 1 Ei · etwa 1/16 l Wasser

Pro Portion etwa 2085 Joule/495 Kalorien,
25 g Eiweiß
Quellzeit: etwa 12 Stunden (über Nacht)
Zubereitungszeit: 50 Minuten

Am Abend zuvor die Linsen in dem Wasser einweichen.
Am nächsten Tag das Lorbeerblatt und 1 Teelöffel Kräutersalz zufügen und die Linsen 20 Minuten kochen lassen. Inzwischen das Suppengrün waschen, putzen und zerkleinern, zu den Linsen geben und noch 10 Minuten mitkochen; gesamte Kochzeit 30 Minuten. Gleichzeitig die Spätzle nach dem Rezept auf Seite 62 zubereiten. Die Butter in einer Pfanne zerlaufen lassen, die Zwiebel schälen und grob zerkleinern. Die Zwiebelwürfel in der Butter glasig braten, das Sojamark zufügen und alles unter Wenden in etwa 5 Minuten goldbraun braten. Die garen Linsen mit dem Suppengrün auf ein Sieb schütten und abtropfen lassen, das Lorbeerblatt entfernen, die Linsen in einer Schüssel anrichten und mit Kräutersalz abschmecken. Die fertigen Spätzle und einen Teil des Gebratenen zufügen. Alles mischen. Den Rest aus der Pfanne und feingehackte Petersilie obenauf verteilen.

Das paßt dazu: grüne Salate oder Tomatensalat.

Rotkohl-, Weißkohl- oder Kürbisgemüse

Mit dem Sud von mariniertem Sojamark (Rezept Seite 61) lassen sich die folgenden Gemüsegerichte unkompliziert zubereiten.

600 g Rot- oder Weißkohl oder Kürbisfleisch · 2–3 säuerliche Äpfel · 1 große Zwiebel · 2 Eßl. Öl · ½ Tasse Sud vom marinierten Sojamark (Rezept Seite 61) · ½ Tasse Wasser · je 1 Messerspitze gemahlene Nelken und Piment für Rotkohl oder Kürbis oder 1 Teel. Kümmel für Weißkohl · eventuell etwas Essig oder Zitronensaft und Kräutersalz, Petersilie oder Schnittlauch

Pro Portion etwa 505 Joule/120 Kalorien,
2 g Eiweiß
Zubereitungszeit: 10 Minuten
Garzeit: 30 Minuten

Den Kohl von den äußeren Blättern und dem Strunk befreien, putzen, waschen, vierteln und die Viertel quer in grobe Streifen schneiden. Das Kürbisfleisch würfeln. Die Äpfel schälen, vierteln und vom Kernhaus befreien. Die Zwiebel schälen und würfeln. Das Öl in einem Topf erhitzen und die Zwiebelwürfel darin glasig braten. Das jeweilige Gemüse und die Äpfel zufügen und mit dem Sud und dem Wasser übergießen. Die zum Gemüse passenden Gewürze, wie oben angegeben, darüberstreuen und das Gericht zugedeckt bei kleiner Hitze etwa 30 Minuten garen lassen. Eventuell mit Essig oder Zitronensaft und Kräutersalz abschmecken und mit feingehackter Petersilie oder feingeschnittenem Schnittlauch bestreut servieren.

Besondere Salate

Für »Frischehungrige« sind Salate immer ein Labsal. Kinder, die aus der Schule oder vom Sport kommen, Erwachsene nach einem langen Arbeitstag und vor allem erwartungsvolle Gäste können Sie mit einem frischen oder herzhaften Salat schnell zufriedenstellen. Salate mit Soja sind ein unerschöpfliches Thema. Ein Sprossensalat paßt immer und zu allem. Mit Sojamark entstehen pikante und herzhafte Salate, die uns in der kühlen Jahreszeit besonders gut schmekken. Gelbe oder rote (Azuki-) Sojabohnen eignen sich für Salate aller Geschmacksrichtungen. Schließlich bietet sich auch Tofu für besonders leichte und gesunde Zubereitungen an. Salate mit Soja sind sehr nahrhaft, eiweißreich und leicht verdaulich. Sie können daher zusammen mit Kartoffeln, Reis oder Nudeln eine vollständige Mahlzeit sein oder für sich allein ein leichtes Abendessen.

Sprossensalat

Bild Seite 36

Zutaten für 2 Portionen:
200 g frische Sojasprossen (Rezept Seite 19) · ½ l Wasser · ½ Teel. Koch- oder Meersalz · 2 Teel. Sojaöl · 1–2 Teel. Sojasauce · 2 Teel. Zitronensaft · etwas schwarzer Pfeffer aus der Mühle

Pro Portion etwa 135 Joule/30 Kalorien,
2 g Eiweiß
Zubereitungszeit: 10 Minuten

Die Sojasprossen mehrmals gründlich waschen (dabei nicht gekeimte Bohnen und Samenhülsen so weit wie möglich entfernen) und abtropfen lassen. Das Wasser mit dem Salz zum Kochen bringen, die Sojasprossen einlegen und 5 Minuten sprudelnd darin kochen. Auf einem Sieb abtropfen und etwas abkühlen lassen. Die gekochten Sojasprossen in einer Schüssel mit dem Öl, der Sojasauce und dem Zitronensaft übergießen und etwas Pfeffer darübermahlen. Alles mischen und etwas durchziehen lassen. Der Salat schmeckt auch warm.

Salat California

100 g Sojamarkwürfel · ½ l Wasser · 1 Eßl. Worcestershiresauce · 1 gestrichener Eßl. gekörnte Gemüsebrühe · 2 Lorbeerblätter · 250 g Sauerkraut · 2 Orangen · 100 g Walnußkerne · 1 Becher saure Sahne (200 g) · 1–2 Eßl. Öl · 3 Teel. Senf · ½ Teel. edelsüßes Paprikapulver · 2 Messerspitzen frisch gemahlener schwarzer Pfeffer

Pro Portion etwa 880 Joule/210 Kalorien,
15 g Eiweiß
Quellzeit: etwa 12 Stunden (über Nacht)
Garzeit: 20 Minuten
Zubereitungszeit: 10 Minuten

Am Abend zuvor das Sojamark mit dem Wasser, der Worcestershiresauce, der gekörnten Brühe und den Lorbeerblättern einmal aufkochen und zugedeckt stehenlassen.
Am nächsten Tag das Sojamark mit der Brühe in etwa 20 Minuten garen, auf ein Sieb schütten und abtropfen lassen. Die Lorbeerblätter entfernen. Das Sauerkraut feinschneiden, die Orangen schälen und in Spalten teilen, die Walnüsse grobhacken. Die saure Sahne mit dem Öl, dem Senf, dem Paprikapulver und dem Pfeffer verquirlen und über Sojamark, Sauerkraut, Orangenspalten und Nüsse gießen. Alles gut mischen und etwas durchziehen lassen.

Zwiebelsalat mit Sojamark

200 g Sojamarkwürfel · ¾ l Wasser · 1 gestrichener Eßl. gekörnte Gemüsebrühe · 2 Eßl. Worcestershiresauce · je 1 gestrichener Teel. Zwiebel- und Knoblauchsalz · 1 Teel. frisches, feingehacktes oder getrocknetes, gerebeltes Basilikum · 1 Lorbeerblatt · 4 Zwiebeln · 2 Essiggurken · 2 Bananen · 1 Becher saure Sahne (200 g) · 2 Eßl. Öl · 4–5 Teel. Senf · 2 Eßl. Sojasauce · 2–3 Teel. Kümmel · 1 Teel. getrockneter, gerebelter Thymian · ½ Teel. edelsüßes Paprikapulver · etwa 2–3 Messerspitzen frisch gemahlener schwarzer Pfeffer · 1 Eßl. Essig oder Saft von ½ Zitrone · 1 Eßl. feingehackte Petersilie und/oder 1 Eßl. feingeschnittener Schnittlauch

Pro Portion etwa 1660 Joule/395 Kalorien, 30 g Eiweiß
Quellzeit: etwa 12 Stunden (über Nacht)
Zubereitungszeit: 25 Minuten
Marinierzeit: mindestens 10 Minuten

Am Abend zuvor das Sojamark mit dem Wasser, der gekörnten Brühe, 1 Eßlöffel Worcestershiresauce, dem Zwiebel- und Knoblauchsalz, dem Basilikum und dem Lorbeerblatt einmal aufkochen und zugedeckt stehenlassen.
Am nächsten Tag das Sojamark mit der Brühe in 20 Minuten garen. Inzwischen die Zwiebeln schälen und in dünne Ringe schneiden. Das gegarte Sojamark mit einem Schaumlöffel aus der Brühe nehmen. Die Zwiebelringe in der kochenden Brühe einmal aufkochen, mit dem Schaumlöffel herausnehmen und zum Sojamark geben. Die Essiggurken würfeln, die Bananen schälen und in Scheiben schneiden. Die saure Sahne mit dem Öl, 1 Eßlöffel Worcestershiresauce, dem Senf, der Sojasauce, dem Kümmel, dem Thymian, dem Paprikapulver und dem Pfeffer verquirlen und über das Sojamark, die Zwiebelringe, die Gurkenwürfel und die Bananenscheiben gießen. Mit Essig oder Zitronensaft, Pfeffer und Sojasauce abschmecken. Feingeschnittene Kräuter daruntermischen. Den Salat mindestens 10 Minuten durchziehen lassen.

Pikanter Blumenkohlsalat

Für das marinierte Sojamark:
150 g Sojamarkwürfel · ½ l Wasser · ½ Tasse Obstessig · 1 Lorbeerblatt · 2 gestrichene Teel. Knoblauchsalz · 2 gestrichene Teel. Zwiebelsalz · 2 Teel. Worcestershiresauce · 2 Spritzer Tabasco · 2 Eßl. Sojasauce
Für den Salat:
1 kleiner Kopf Blumenkohl (etwa 400 g) · 5 Tomaten (etwa 400 g) · 1 Becher Crème fraîche (200 g) · 1 Eßl. indonesische Sojasauce oder Friate (Apfeldicksaft) · 2 Teel. Worcestershiresauce · 1 Spritzer Tabasco · 1 Bund Schnittlauch

Pro Portion etwa 1495 Joule/355 Kalorien, 25 g Eiweiß
Quellzeit: etwa 12 Stunden (über Nacht)
Garzeit für das Sojamark: 20 Minuten
Garzeit für den Blumenkohl: 10–15 Minuten
Zubereitungszeit: 5–10 Minuten
Marinierzeit: mindestens 10 Minuten

Das marinierte Sojamark nach dem Rezept auf Seite 61 zubereiten und in eine Schüssel füllen (Übergießen mit Sojasauce nicht vergessen!). Den Blumenkohl von den Blättern befreien, gründlich waschen und in Röschen zerteilen. Größere Röschen halbieren oder vierteln. Die Blumenkohlröschen in wenig Wasser gar dämpfen (sie sollen nicht butterweich sein, sondern noch einen »Biß« haben). Das Kochwasser abgießen und den Blumenkohl zum Sojamark geben. Die Tomaten waschen und in Achtel schneiden. Die Crème fraîche mit der Sojasauce oder Friate, der Worcestershiresauce und dem Tabasco verquirlen und über die Salatzutaten gießen. Den feingeschnittenen Schnittlauch dazugeben und alles vorsichtig, doch gründlich mischen. Den Salat mindestens 10 Minuten durchziehen lassen. Bei Verwendung von Friate eventuell noch mit etwas Sojasauce (Shoyu oder Tamari) »nachsalzen«.

Bunter Sauerkrautsalat

200 g gekochte Azukibohnen · 250 g gekochte gelbe Sojabohnen, abgetropft (Rezepte Seite 21 und 22) · 250 g Sauerkraut · 2 rote Äpfel (Schale unbehandelt) · 2 Schalotten oder kleine Zwiebeln · 2–3 Eßl. Öl · 2 Messerspitzen edelsüßes Paprikapulver · 2 Messerspitzen gemahlener Kümmel · 1 Eßl. feingehackte Petersilie · eventuell etwas Kräutersalz und Zitronensaft

Pro Portion etwa 1115 Joule/265 Kalorien,
15 g Eiweiß
Garzeit: 20–25 Minuten
Zubereitungszeit: 10 Minuten

Die gekochten Azuki- und gelben Sojabohnen in eine Schüssel füllen.
Das Sauerkraut feinschneiden. Die Äpfel waschen, vierteln, vom Kernhaus befreien und würfeln. Die Schalotten oder Zwiebeln schälen und feinschneiden. Alle vorbereiteten Zutaten in einer Schüssel mit dem Öl übergießen, die Gewürze und die feingehackte Petersilie darübergeben und alles gründlich miteinander mischen. Falls sehr mildes Sauerkraut verwendet wurde, den Salat eventuell noch mit etwas Kräutersalz und Zitronensaft abschmecken.

Gurkensalat mit süßen Sojabohnen

1 große Salatgurke (500 g) · 1 kleine frische Bleichselleriestaude (etwa 250 g) · 2 möglichst rote Äpfel (Schale unbehandelt) · ½ Becher Sahne (100 g) · Saft von 1 Zitrone · 2 Teel. Honig · ½ Teel. Kräutersalz · 2 Messerspitzen frisch gemahlener weißer Pfeffer · 1 Messerspitze Piccata · 250 g süße gekochte Sojabohnen (Rezept Seite 22) · je 1 Eßl. feingehackter Dill und Zitronenmelisse

Pro Portion etwa 1185 Joule/280 Kalorien,
14 g Eiweiß
Zubereitungszeit: 15 Minuten

Die Gurke eventuell schälen (falls nicht aus biologischem Anbau), längs vierteln und quer in etwa 1 cm dicke Stücke schneiden. Den Bleichsellerie putzen, waschen und feinschneiden. Die Äpfel vierteln und das Kernhaus entfernen. Die Apfelviertel nochmals in 4 Stücke teilen. Die Sahne mit dem Zitronensaft, dem Honig und den Gewürzen verquirlen, dann über das vorbereitete Gemüse, die Äpfel und die süßen Sojabohnen gießen. Alles gründlich mischen. Die Kräuter unter den Salat heben; noch etwas durchziehen lassen.

Gemischter Bohnenkernsalat

Je 50 g Azukibohnen, Kichererbsen und weiße Bohnen · 200 g gekochte gelbe Sojabohnen, abgetropft (Rezept Seite 21) · je 1 grüne, rote und gelbe Paprikaschote · etwa ½ l kochendes Wasser · 2–4 Zwiebeln nach Geschmack · 375 g Tomaten · 2 Eßl. Öl · 2 Eßl. Apfelessig · 2 gestrichene Teel. Kräutersalz · ½ Teel.

edelsüßes Paprikapulver · etwa 2 Messerspitzen frisch gemahlener schwarzer Pfeffer · 1 Bund Schnittlauch

Pro Portion etwa 1540 Joule/365 Kalorien, 40 g Eiweiß
Quellzeit: etwa 12 Stunden (über Nacht)
Garzeit: 45 Minuten (normal) oder 20 Minuten (Schnellkochtopf)
Zubereitungszeit: 10 Minuten

Die Azukibohnen, Kichererbsen und weißen Bohnen in ½ l Wasser über Nacht quellen lassen. Am nächsten Tag die Bohnen und Erbsen mit dem Einweichwasser in 45 Minuten gar kochen (im Schnellkochtopf 20 Minuten). Das Kochwasser abgießen. Die Azukibohnen, Kichererbsen und weißen Bohnen zusammen mit den gekochten Sojabohnen in eine Schüssel geben. Die Paprikaschoten längs achteln, waschen, vom Stengelansatz und den Kernen befreien, in dem kochenden Wasser 1 Minute blanchieren, mit einem Schaumlöffel herausheben und auf einem Schneidbrett abkühlen lassen. Die Zwiebeln schälen, längs halbieren und quer in dünne halbe Ringe schneiden. Die Tomaten waschen und in Spalten oder Scheiben schneiden. Die Paprikastücke quer in dünne Streifen schneiden. Das vorbereitete Gemüse zu den Bohnen geben und mit dem Öl und dem Essig übergießen. Die Gewürze und den feingeschnittenen Schnittlauch darüberstreuen. Alles gründlich mischen und den Salat etwas durchziehen lassen.

Tip: Die weißen Bohnen und die Kichererbsen werden beim Kochen zusammen mit den Azukibohnen rosa. Hübscher sieht es aus, wenn Sie die Azukibohnen getrennt gar kochen. Der Salat ist ein vorzüglicher Party-Salat. Wenn Sie dafür die doppelte oder gar dreifache Menge zubereiten, ist der Energie-Mehrverbrauch für das Getrennt-Kochen wohl zu rechtfertigen.

Tomaten-Gurken-Salat mit Currysahne

300 g gekochte gelbe Sojabohnen, abgetropft (Rezept Seite 21) · 250 g Tomaten · 1 kleine Salatgurke (300–400 g) · 1 Becher saure Sahne (200 g) · 2 gestrichene Teel. Kräutersalz · 1 gestrichener Teel. Curry · 1 Bund Schnittlauch

Pro Portion etwa 1170 Joule/280 Kalorien, 16 g Eiweiß
Zubereitungszeit: 10 Minuten

Die Sojabohnen in eine Schüssel füllen. Die Tomaten waschen und in Spalten oder Scheiben schneiden. Die Gurke waschen, eventuell schälen (falls nicht aus biologischem Anbau), längs vierteln und quer in etwa 1 cm breite Stücke schneiden. Die saure Sahne mit dem Salz und dem Curry verrühren und über die vorbereiteten Tomaten, Gurken und Sojabohnen gießen. Gründlich mischen. Den Schnittlauch feinschneiden und darunterheben. Den Salat etwas durchziehen lassen.

Frühlingssalat

Eine vollständige leichte und »schlanke« Mahlzeit ist dieser vitamin-, mineralstoff- und eiweißreiche Salat. Genießen Sie ihn pur oder mit Pellkartoffeln oder Brot.

200 g gekochte gelbe Sojabohnen, abgetropft (Rezept Seite 21) · 250 g frischer Blattspinat · 50 g Löwenzahnblätter, falls möglich · 2 Bund Radieschen oder 1 roter Rettich (etwa 200 g geputzt) · 1 Bund Schnittlauch
Für die Sauce:
100 g Tofu · Saft von ½ Zitrone · ½ Tasse

Wasser · 1–2 Eßl. Öl · 1 Teel. Senf · 3–4 Teel. Sojasauce

Pro Portion etwa 780 Joule/185 Kalorien,
15 g Eiweiß
Zubereitungszeit: 10–15 Minuten

Die Sojabohnen in eine Schüssel geben. Den Spinat waschen, von den groben Stengeln befreien und in etwa ½ cm breite Streifen schneiden. Die Löwenzahnblätter waschen und feinschneiden. Die Radieschen oder den Rettich waschen, putzen und in Scheiben (Rettich in Würfel) schneiden. Den Schnittlauch feinschneiden. Die Tofumayonnaise nach dem Rezept auf Seite 66 mixen. Die vorbereiteten Zutaten sowie die Mayonnaise zu den Bohnen geben und alles gründlich mischen.

Spinatsalat mit Tofu

Zu den gesündesten Vertretern der »Salatfamilie« zählen Kresse und roher Spinat. Zusammen mit etwas Tofu kann man daraus schnell einen köstlichen, eiweißangereicherten Salat zubereiten, der sowohl als Vorspeise oder kleine Zwischenmahlzeit wie auch als Beigabe zum Hauptgericht oder zum Butterbrot gut schmeckt.

100 g Tofu · 1 Eßl. Sojaöl · Saft von ½ Zitrone · ½–1 Teel. Kräutersalz · ¼ Teel. Delikata · 100–150 g frischer Blattspinat · 50 g Kresse

Pro Portion etwa 270 Joule/65 Kalorien,
4 g Eiweiß
Zubereitungszeit: 10 Minuten

Den Tofu erst in etwa ½ cm dicke Scheiben, dann in Würfel schneiden. Das Öl, den Zitronensaft und die Gewürze miteinander verquirlen, über die Tofuwürfel gießen, umrühren und stehenlassen. Den Spinat von den harten Stengeln befreien. Die Spinatblätter und die Kresse waschen und abtropfen lassen. Den Spinat in etwa 1 cm breite »Streifen« schneiden, Kresse aus dem Garten ebenfalls, gekaufte Kresse ganz lassen. Die vorbereiteten Blätter zum marinierten Tofu geben. Den Salat erst kurz vor dem Servieren gut mischen.

Rustikaler Tomatensalat

Bild Seite 69

500 g Tomaten · 1 Schalotte oder kleine Zwiebel · 1 gestrichener Teel. Kräutersalz · 2 Teel. feingehacktes Basilikum · 2–3 Messerspitzen frisch gemahlener schwarzer Pfeffer · 1 Eßl. Öl · 200 g Tofu

Pro Portion etwa 430 Joule/105 Kalorien,
7 g Eiweiß
Zubereitungszeit: 10 Minuten
Marinierzeit: mindestens 10 Minuten

Die Tomaten waschen und in dünne Scheiben schneiden. Die Schalotte oder Zwiebel schälen und feinschneiden. Die Zwiebelwürfel, das Kräutersalz, das Basilikum, den Pfeffer und das Öl zu den Tomatenscheiben geben. Alles gründlich mischen. Den Tofu in etwa 1 cm große Würfel schneiden und vorsichtig unter den Salat heben. Bis zum Servieren mindestens 10 Minuten durchziehen lassen.

Das paßt dazu: Brot oder Pellkartoffeln oder gebackene Kartoffeln. Der Salat ist mit einer dieser Beigaben eine vollständige leichte Mahlzeit.

Zwischengerichte – Beilagen

Rezept-Ideen für den kleinen Appetit kann man immer gebrauchen, wenn schnell zwischendurch oder am Abend etwas Unkompliziertes auf dem Tisch stehen soll. Ganz sicher werden Sie, sobald Sie sich mit Soja angefreundet haben, noch so manches selbst erfinden.
Die Beilagen werden in der bürgerlichen Küche oft etwas vernachlässigt, denn die Zubereitung von Fleisch und Sauce, Gemüse und Salat beansprucht viel Zeit und Aufmerksamkeit. Doch von jeher schätzt man sie als den neutralen Ausgleich zu würzigen Saucen, zum Aufsaugen derselben oder als Sattmacher zu feineren Genüssen. Mit Soja zubereitet, bekommen Nudeln, Klöße oder Kartoffeln einen volleren, »runderen« Geschmack und werden eiweißreicher. Sie können daher im üblichen Sinne als Beilagen serviert werden, aber auch als Hauptspeisen, mit Gemüse, Salat und eventuell einer Sauce als Ergänzung. In der Vollwertküche müssen wir sowieso etwas umdenken und uns von den üblichen Begriffen wie Hauptspeise, Beilagen und so weiter lösen, denn wir wollen ja nicht das Übliche imitieren, sondern mit vollwertigen Zutaten neue Speisen in neuen Zusammenstellungen anbieten. In den Vorschlägen »Das paßt dazu« werden daher in diesem Kapitel Ergänzungen mit nicht zu hohem Proteingehalt angegeben.

Tcha wan mushi – »Gedämpfte Tasse«

Dieses Rezept bekam ich von unserer japanischen Freundin. Nachdem ich ihr gegenüber erwähnt hatte, daß die japanischen Soja-Rezepte nicht immer unserem Geschmack entsprechen, kochte sie Tcha wan mushi für uns. Es schmeckte vorzüglich, ähnlich wie der bei uns bekannte Eierstich, nur leichter und weicher. In Japan ist dieses Gericht Bestandteil eines festlichen Essens. Uns schmeckt es als leichte Vorspeise oder Zwischenmahlzeit. Die halbe Menge wird dort für 4 Personen zubereitet. Überhaupt kann man von den Japanern lernen, weniger zu essen. Die Mengen hierzulande empfand unsere Freundin als viel zu groß.

1 mittelgroße Möhre (100 g) · 100 g frische Champignons · ¼ l Wasser · 4 Eier · 1 Eßl. Weißwein oder Sake (japanischer Reiswein) · 1 Eßl. Sojasauce

Pro Portion etwa 440 Joule/105 Kalorien,
8 g Eiweiß
Zubereitungszeit: 10 Minuten
Garzeit: 20 Minuten

Die Möhre und die Champignons waschen und putzen; die Möhre in Würfel schneiden, die Pilze halbieren, vierteln oder ganz lassen, je nach Größe. Das Gemüse in dem Wasser zugedeckt in etwa 10 Minuten gar kochen. Vier Tassen bereitstellen. Das Gemüse mit einem Schaumlöffel herausheben und gleichmäßig in die Tassen verteilen. Die Kochflüssigkeit abmessen – es sollen 200 ccm sein – und etwas abkühlen lassen. In einer Schüssel die Eier, den Wein, die Sojasauce und die Kochbrühe mit einem Schneebesen gründlich verrühren. Die Eimasse gleichmäßig verteilt über das Gemüse in den Tassen gießen. Die Tassen mit Alufolie verschließen (in Japan gibt es für dieses Gericht spezielle Tassen und Töpfe) und in einen passenden Topf stellen. Den Topf mit Wasser bis zu ¾ der Tassenhöhe füllen, einen Deckel auflegen und die Eimasse im Wasserbad 10 Minuten schwach kochen lassen, bis sie gestockt ist. Das Tcha wan mushi wird aus der Tasse gegessen.

Tofu-»Rührei«

Es ähnelt in der Zubereitung, in der Verwendung, im Geschmack und im Aussehen dem »richtigen« Rührei.

Zutaten für 2 Personen:
300 g Tofu · 2 Teel. Butter · ½ Teel. Kräutersalz · ½–1 Teel. Delikata · 1 Bund Schnittlauch

Pro Portion etwa 415 Joule/100 Kalorien,
8 g Eiweiß
Zubereitungszeit: knapp 10 Minuten

Den Tofu in einem Suppenteller mit einer großen Gabel zerdrücken. Inzwischen die Butter in einer Pfanne zerlaufen lassen. Den zerdrückten Tofu ins heiße Fett schütten und auf starker Hitze knapp 5 Minuten rühren, bis die wenige sich bildende Flüssigkeit fast wieder verdampft ist. Das Salz und das Delikata darüberstreuen und gut verrühren. Den feingeschnittenen Schnittlauch unter das fertige »Rührei« mischen.

Paßt zu: Butterbrot oder Kartoffelpüree.

Pfannkuchen

Diese Pfannkuchen schmecken und sättigen genauso gut wie Pfannkuchen mit vielen Eiern.

200 g Weizen · 50 g Vollsojamehl · 1 gestrichener Teel. Koch- oder Meersalz · 1 Messerspitze geriebene Muskatnuß · 2 Eier · ½ l Sojamilch
Zum Backen: Sojaöl

Pro Portion etwa 1495 Joule/355 Kalorien,
18 g Eiweiß
Zubereitungszeit: 30 Minuten

Den Weizen mehlfein mahlen, dann mit dem Sojamehl, dem Salz und dem Muskat mischen. Die Eier und die Sojamilch zufügen und alles mit einem Schneebesen zu einem Pfannkuchenteig verrühren. Öl in einer Pfanne erhitzen und jeweils so viel Teig hineingießen, daß insgesamt 7–8 dünne Pfannkuchen daraus gebacken werden können. Die Pfannkuchen bei mittlerer Hitze in je etwa 5 Minuten beidseitig goldbraun backen.

Das paßt dazu: ein beliebiger grüner oder Rohkostsalat oder Sprossensalat (Rezept Seite 54).

Erdnußomelette

4 Eier · 100 g frisch geschälte Erdnußkerne, ungeröstet und ungesalzen · knapp ½ l Milch oder Sojamilch · 6 gestrichene Eßl. Vollsojamehl · 1 gestrichener Teel. Salz · 1 gestrichener Teel. Delikata
Zum Braten: Öl oder Butter

Pro Portion etwa 1775 Joule/420 Kalorien,
21 g Eiweiß
Zubereitungszeit: 20 Minuten

Alle Zutaten in den Mixer füllen und feinmixen (dabei den Mixer zwischendurch ausschalten, um den Motor nicht zu überlasten), oder die Erdnüsse feinreiben und zusammen mit den übrigen Zutaten mit dem Schneebesen zu einem weichen Teig schlagen. Fett in einer Pfanne erhitzen und aus dem Teig nacheinander 8 dünne Omeletten backen, das heißt jeweils etwas Teig in die Pfanne gießen, so lange auf mittlerer Hitze braten, bis die Masse gestockt ist, die Omelette mit einem Bratenwender zusammenklappen und auf einen Teller oder eine Platte gleiten lassen. Den restlichen Teig zwischendurch immer wieder umrühren.

Das paßt dazu: Salate, zum Beispiel Möhren- oder grüner Salat.

Tip: Die frischesten Erdnüsse erhalten Sie, wenn Sie sie mit Schale kaufen und kurz vor dem Verbrauch selbst schälen.

Mariniertes Sojamark

Dieses Grundrezept mit drei Varianten bietet viele Anwendungsmöglichkeiten. Der pikante Geschmack, besonders vom glasierten Sojamark und dem süß-sauren Sojaragout, stellt selbst verwöhnte Fleischesser zufrieden.

150 g Sojamarkwürfel · ½ l Wasser · ½ Tasse Obstessig · 1 Lorbeerblatt · 2 gestrichene Teel. Knoblauchsalz · 2 gestrichene Teel. Zwiebelsalz · 2 Teel. Worcestershiresauce · 2 Spritzer Tabasco · 2 Eßl. Sojasauce

Pro Portion etwa 560 Joule/135 Kalorien,
19 g Eiweiß
Quellzeit: etwa 12 Stunden (über Nacht)
Garzeit: 20 Minuten

Am Abend zuvor das Sojamark mit dem Wasser, dem Essig und den Gewürzen (ohne die Sojasauce) einmal aufkochen und zugedeckt stehenlassen. Am nächsten Tag in 15–20 Minuten gar kochen, auf ein Sieb schütten und abtropfen lassen, den Sud auffangen. Das abgetropfte Sojamark mit der Sojasauce übergießen. Weiterverwenden für Salate oder als Suppeneinlage.

Variante: Als Suppeneinlage 1 zerkleinerte Zwiebel in Öl glasig braten, das Sojamark zufügen und alles zusammen goldbraun braten. Zur fertigen Suppe (zum Beispiel Kohl-, Kartoffel-, Linsen- oder Pilzsuppe) geben. Der kräftige Sud kann zum Abschmecken der Suppe verwendet werden.

Variante: Glasiertes Sojamark
Mariniertes Sojamark nach dem obigen Grundrezept zubereiten. In einer Pfanne 50 g Margarine und 2 Eßlöffel Honig zerlaufen lassen, das Sojamark zufügen und zunächst bei mittlerer, dann bei kleiner Hitze unter häufigem Wenden »braten«, bis das Mark braun und glänzend ist (etwa 20 Minuten). Das glasierte Sojamark ist eine herzhafte Beigabe zum Beispiel zu Kohlgerichten.

Variante: Süß-saures Sojaragout
Das fertig glasierte Sojamark (obige Variante) in der Pfanne mit 1 Tasse Wasser ablöschen und 200 g saure Sahne zufügen. Die Pfanne vom Herd nehmen und alles gut verrühren. Feingeschnittenen Schnittlauch untermischen. Zu diesem Ragout passen Salzkartoffeln, Kartoffelpüree, Dämpfkartoffeln und Gemüse, zum Beispiel Rotkohl (Rezept Seite 53).

Variante: Gemüse-Sojamark-Sülze
Die Sülze ist erfrischend und pikant. Nur läßt sich Agar-Agar-Sülze mit Essig nicht stürzen und sie ist auch nicht schnittfest. 400 g grüne Bohnen waschen, putzen, in 4–5 cm lange Stücke schneiden oder brechen und mit wenig Wasser gar dämpfen (je nach Qualität 25–30 Minuten). ½ rote Paprikaschote in feine Streifen schneiden und im restlichen Kochwasser der Bohnen blanchieren. ⅜ l Wasser mit ½ Tasse Obstessig, je 2 gestrichenen Teelöffeln Knoblauch- und Zwiebelsalz, 2 Teelöffeln Worcestershiresauce, 2 Spritzern Tabasco und 1 gestrichenen Eßlöffel gekörnter Gemüsebrühe aufkochen. 2 gestrichene Teelöffel Agar Agar mit ⅛ l Wasser anrühren und in die gewürzte Brühe gießen. Den Topf vom Herd nehmen, zudecken und 10 Minuten stehenlassen. Das marinierte Sojamark, die Boh-

nen und die Paprikastreifen gut mischen und in eine Schüssel füllen. Die Brühe darübergießen und das Ganze 1 Tag im Kühlschrank durchziehen lassen. Schmeckt gut als Abendessen oder mittags zu neuen Kartoffeln.

Buchweizen-Soja-Spätzle

100 g Weizen · 100 g Buchweizen ·
50 g Vollsojamehl · Koch- oder Meersalz ·
1 Messerspitze Muskatblüte (Macis) · 2 Eier ·
etwa ⅛ l Wasser

Pro Portion etwa 1105 Joule/265 Kalorien,
13 g Eiweiß
Zubereitungszeit: 15 Minuten
Quellzeit: 30 Minuten

Den Weizen und den Buchweizen staub- oder mehlfein mahlen. In einer Schüssel das Weizen-, das Buchweizen- und das Sojamehl, 1 gestrichenen Teelöffel Salz, das Muskat, die Eier und das Wasser gut miteinander verrühren. Es soll ein gerade noch rührbarer Teig entstehen, eventuell noch ganz wenig Wasser zufügen. Den Teig 30 Minuten ruhen lassen. Zwei Töpfe mit je etwa 1½ l Wasser und je 2–3 Teelöffeln Salz zum Kochen bringen. ⅓ des Teiges in eine Spätzlepresse füllen und in das sprudelnd kochende Wasser des ersten Topfes drücken. Die Spätzle, sobald sie oben schwimmen, mit einem Schaumlöffel herausnehmen und in das nur eben siedende Wasser des zweiten Topfes geben. So weiter verfahren, bis der Teig verbraucht ist. Die Spätzle auf einem Sieb oder Durchschlag abtropfen lassen.

Sie können den Teig von einem angefeuchteten Brett ins Wasser schaben. Einfacher geht es mit einer Spätzlepresse oder einem Spätzlesieb.

Das paßt dazu: Champignonsauce (Rezept Seite 67) oder herzhafte Zwiebelsauce (Rezept Seite 68) und Salate.

Varianten: Im Gegensatz zu Spätzle aus Auszugsmehl können Sie Vollkornspätzle mit verschiedenen Getreidearten immer wieder einen neuen Geschmack geben. Das obige Rezept schmeckt zum Beispiel auch nur aus Dinkel- oder Weizenmehl. Oder Sie können auch statt der 50 g Vollsojamehl Sojamehl fettarm verwenden. Außerdem – je weniger Wasser und statt dessen mehr Eier Sie verwenden, desto feiner werden die Spätzle.

Hausgemachte Nudeln

Diese Nudeln schmecken sehr gut, müssen aber immer frisch hergestellt werden. Sie sollen nicht länger trocknen, können also nicht auf Vorrat zubereitet werden.

200 g staubfein gemahlenes oder ausgesiebtes Vollweizenmehl · 50 g Vollsojamehl · Koch- oder Meersalz · ⅛ l lauwarmes Wasser · 1 Ei · 1 Eßl. Öl
Zum Ausrollen: etwas Vollweizenmehl

Pro Portion etwa 1085 Joule/260 Kalorien,
12 g Eiweiß
Zubereitungszeit: 20 Minuten
Ruhezeit: 30 Minuten
Trockenzeit: 30 Minuten

Das Vollkornmehl mit dem Sojamehl und 2 Messerspitzen Salz in einer Rührschüssel mischen. Das Wasser, das Ei und das Öl zufügen und alles zusammen mit den Knethaken des elektrischen Handrührgerätes oder der Küchenmaschine gründlich zu einem geschmeidigen, festen Teig kneten. Oder das Mehlgemisch auf ein Backbrett schütten, in die Mitte eine Vertiefung drükken, dahinein das Ei und das Öl geben und mit einem Messer rasch mit etwas Mehl vermischen. Nach und nach das Wasser zufügen und alles gründlich zu einem geschmeidigen, festen Teig kneten. Den Teig zu einer Kugel formen, eine Schüssel (bei kalter Witterung angewärmt) darüberstülpen und den Teig so 30 Minuten ruhen lassen. Den Nudelteig in 3–4 Stücke teilen, jedes messerrückendick ausrollen, mit einem Küchenmesser in Streifen schneiden und diese etwa 30 Minuten trocknen lassen. Die fertigen Nudeln 5 Minuten in sprudelnd kochendem Salzwasser gar kochen.

Samtklöße

750 g Kartoffeln · etwa 1 l Wasser · etwas Kochsalz · 100 g Buchweizen oder Buchweizenmehl · 50 g Vollsojamehl · 200 g Magerquark · 3 Eier · 2 gestrichene Teel. Kräutersalz · 1 Teel. frisches, feingehacktes oder getrocknetes, gerebeltes Basilikum · 1 Messerspitze geriebene Muskatnuß

Pro Portion etwa 1400 Joule/335 Kalorien,
25 g Eiweiß
Garzeit: 45 Minuten
Zubereitungszeit: 15 Minuten

Die Kartoffeln mit der Schale gar kochen (etwa 30 Minuten), mit kaltem Wasser abschrecken und sofort schälen. Die vorbereiteten heißen Kartoffeln durch eine Kartoffelpresse oder – noch besser – eine Spätzlepresse drücken oder, falls beides nicht vorhanden ist, mit dem Kartoffelstampfer zu Mus drücken. Inzwischen in einem weiten Topf reichlich 1 l Wasser mit etwas Salz zum Kochen bringen. Den Buchweizen mehlfein mahlen oder Buchweizenmehl verwenden. Die durchgedrückten Kartoffeln mit dem Buchweizen- und Sojamehl, dem Quark, den Eiern und den Gewürzen gut verkneten. Aus dem Teig mit nassen Händen etwa 10 Klöße formen, diese ins siedende Salzwasser legen und in etwa 15 Minuten bei kleiner Hitze gar ziehen lassen. Die Klöße mit einem Schaumlöffel herausnehmen und in einer Schüssel anrichten, auf deren Boden ein umgedrehter kleiner Teller gelegt wird (damit die restliche Flüssigkeit ablaufen kann).

Das paßt dazu: zerlassene Butter und Möhren-, Blumenkohl-, Brokkoli-, Erbsen- oder Sojasprossengemüse (Rezept Seite 47).

Kartoffelschmarrn

750 g Kartoffeln · 75 g Vollsojamehl · ½–1 Teel. Koch- oder Meersalz · 1 Messerspitze Muskatblüte (Macis) · 1 Ei
Zum Braten: 50 g Butter oder Margarine, am besten beides gemischt

Pro Portion etwa 1190 Joule/285 Kalorien,
13 g Eiweiß
Garzeit: etwa 30 Minuten
Zubereitungszeit: 30 Minuten

Die Kartoffeln in der Schale mit wenig Wasser gar kochen (etwa 30 Minuten), mit kaltem Wasser abschrecken und sofort schälen. Heiß durch eine Kartoffelpresse drücken. Das Sojamehl, das Salz (½ Teelöffel, wenn der Schmarrn zu Kompott serviert wird, 1 Teelöffel, wenn er zum salzigen Hauptgericht gehört) und das Muskat zu den durchgedrückten Kartoffeln geben. Das Ei hinzufügen. Alles zusammen mit einem großen Holzlöffel oder noch besser mit der Hand zu einem krümeligen Teig verkneten. Das Fett in einer geräumigen Pfanne erhitzen, den Teig mit den Fingern hineinkrümeln und den Schmarrn bei mittlerer Hitze unter häufigem Wenden in etwa 15 Minuten goldbraun braten.

Das paßt dazu: Kompott oder eine herzhafte Sauce, zum Beispiel herzhafte Zwiebelsauce (Rezept Seite 68), und Salat.

Kartoffelpüree mit Kräutern

Der Zusatz von Soja macht das Kartoffelpüree besonders cremig und natürlich auch eiweißreicher.

1250 g Kartoffeln · ¼ l Wasser · 2 gestrichene Teel. Koch- oder Meersalz · ¼ l Sojamilch, ersatzweise Frischmilch · 3 gestrichene Eßl. Sojamehl fettarm · 1–2 Teel. Kräutersalz · 1 Messerspitze geriebene Muskatnuß · je 1 Eßl. feingehackte Petersilie, Schnittlauch und Dill · eventuell noch etwas Liebstöckel, Zitronenmelisse oder andere Kräuter, falls vorhanden

Pro Portion etwa 1140 Joule/270 Kalorien,
11 g Eiweiß
Zubereitungszeit: 15 Minuten
Garzeit: 20 Minuten

Die Kartoffeln schälen, waschen und kleinschneiden. Die Kartoffelstücke mit dem Wasser und dem Koch- oder Meersalz in etwa 20 Minuten gar kochen. Das Kochwasser abgießen. Die Sojamilch oder die Frischmilch über die Kartoffeln gießen, noch 2–3 Minuten auf der ausgeschalteten Herdplatte stehenlassen, bis die Milch heiß ist. Das Sojamehl, das Kräutersalz und das Muskat zufügen und die Masse mit einem Kartoffelstampfer oder mit den Schneebesen des elektrischen Handrührgerätes oder der Küchenmaschine zu Püree schlagen. Die Kräuter daruntermischen und das Püree eventuell noch mit Kräutersalz abschmecken.

Kartoffelpuffer ohne Ei

750 g vorbereitete Kartoffeln (geschält oder sauber gebürstet – wenn aus biologischem Anbau und noch ohne Keime) · 1 große Zwiebel · ½ Bund Petersilie · 50 g Vollsojamehl · ⅛ l warmes Wasser · 3 gestrichene Teel. gekörnte Gemüsebrühe · 1–2 Teel. Delikata nach Geschmack · 1 Teel. getrockneter, gerebelter Majoran · ½ Teel. Kurkuma Zum Braten: Sojaöl

Pro Portion etwa 670 Joule/160 Kalorien,
9 g Eiweiß
Zubereitungszeit: etwa 30 Minuten

Die vorbereiteten Kartoffeln abwiegen. Die Zwiebel schälen, die Petersilie waschen. Die Kartoffeln, die Zwiebel und die Petersilie zusammen in der Moulinette zerkleinern oder die Kartoffeln feinreiben, die Zwiebel und die Petersilie feinschneiden und dann alles mischen. Das Sojamehl mit dem Wasser, der gekörnten Brühe und den Gewürzen verrühren und zur Kartoffelmischung geben. Alles gründlich verrühren. Das Öl in einer Pfanne erhitzen und den Teig mit einem kleinen Schöpflöffel so hineingeben, daß pro Pfanne 5–6 Puffer entstehen. Die Kartoffelpuffer von beiden Seiten bei mittlerer Hitze in jeweils knapp 5 Minuten knusprig goldbraun braten.

Das paßt dazu: Salate oder ein mit frischem Ingwer und Rosinen gewürztes Apfelkompott.

Tip: Natürlich können Sie auch ein anderes Öl oder Bratfett verwenden, aber mit Sojaöl werden diese Puffer ohne Ei besonders knusprig.

Bratkartoffeln nach afrikanischer Art

750 g Kartoffeln · 1 gestrichener Eßl. gekörnte Gemüsebrühe · 1 gestrichener Teel. Kurkuma · 50 g Butter · 1 große Zwiebel · 50 g gekörntes Sojamark · 100 g frisch geschälte Erdnußkerne, ungeröstet und ungesalzen · 500 g Bananen (etwa 3 Stück) · 1 Eßl. Honig · feingeschnittener Schnittlauch und/oder feingehackte Petersilie

Pro Portion etwa 2375 Joule/565 Kalorien,
19 g Eiweiß
Garzeit: etwa 30 Minuten
Zubereitungszeit: 30 Minuten

Die Kartoffeln mit der Schale gar kochen (etwa 30 Minuten, kleine sind schneller gar), mit kaltem Wasser abschrecken, sofort schälen und in dünne Scheiben schneiden. Die gekörnte Brühe mit dem Kurkuma mischen, über die Kartoffelscheiben streuen und untermischen. Die gewürzten Kartoffeln beiseitestellen. Die Butter in einer Pfanne zerlassen, die Zwiebel schälen und feinschneiden. Die Zwiebelwürfel in der Butter glasig braten, das Sojamark zufügen und alles bei milder Hitze weiterbraten, gelegentlich umrühren. Inzwischen die Erdnüsse feinreiben, mit den Kartoffeln in die Pfanne schütten und etwa 10 Minuten bei milder Hitze braten, dabei immer wieder wenden. Die Bananen schälen und in Scheiben schneiden. Den Honig auf den Boden der Pfanne und die Bananenscheiben auf die Kartoffeln geben, umrühren und zugedeckt noch 5–10 Minuten weiterbraten. Alles nochmals gründlich mischen und mit feingeschnittenem Schnittlauch und/oder feingehackter Petersilie bestreut servieren.

Das paßt dazu: grüner Salat.

Gekochte Hirse

In allen Rezepten, in denen gedämpftes Okara angegeben ist, können Sie als wohlschmeckenden Ersatz (falls Sie Sojamilch oder Tofu nicht selbst machen) oder als Abwechslung gekochte Hirse verwenden. Die Menge ergibt 500 g gekochte Hirse.

¼ l Wasser · ⅛ l Milch oder Sojamilch · 2 Messerspitzen Koch- oder Meersalz · 150 g Hirse

Pro Portion etwa 650 Joule/155 Kalorien,
5 g Eiweiß
Gar- und Quellzeit: 25 Minuten

Das Wasser und die Milch oder Sojamilch mit dem Salz in einem flachen Topf zum Kochen bringen. Die Hirse einstreuen und auf kleiner Hitze 10 Minuten zugedeckt kochen. Den Topf vom Herd nehmen und die Hirse zugedeckt in etwa 15 Minuten ausquellen lassen.

Tip: Die Hirse ist auch eine feine Beilage.

Feine Saucen

Aus den vielseitigen Sojazutaten lassen sich die verschiedensten feinen Saucen zaubern. Sicher werden Sie die folgende kleine Auswahl bald mit eigenen Ideen erweitern.

Misosauce

Eine Sauce, die zu fast allem paßt, zu Kartoffeln, Nudeln, Reis, Klößen, Gemüsen, Frikadellen oder Sojawürstchen.

1 kleine Zwiebel · 1 Eßl. Butter · 1 gehäufter Eßl. Weizen · 1 gestrichener Eßl. Reis-, Sojabohnen- oder Hatcho-Miso · ¼ l Wasser · 1 Messerspitze frisch gemahlener schwarzer Pfeffer · 1 Eßl. gehackte Petersilie und/oder Schnittlauch

Pro Portion etwa 210 Joule/50 Kalorien,
2 g Eiweiß
Zubereitungszeit: 10 Minuten

Die Zwiebel schälen und feinschneiden. Die Butter in einem kleinen Topf zerlaufen lassen und die zerkleinerte Zwiebel darin glasig braten. Inzwischen den Weizen mittelgrob schroten. Den Weizenschrot in den Topf streuen und unter Rühren etwa 1 Minute mit anbraten. Das Miso zufügen und beim Umrühren zerdrücken. Nach und nach das Wasser dazugießen, dabei jeweils glattrühren, bevor wieder Wasser nachgegossen wird. Die Sauce zugedeckt etwa 3 Minuten kochen lassen. Mit dem Pfeffer und eventuell noch mit etwas Miso abschmecken. Die Kräuter daruntermischen.

Variante: Paprikasauce
Statt der Butter 2 Eßlöffel Olivenöl, statt des Weizens Roggen verwenden. 1 grüne Paprikaschote ganz fein schneiden und zusammen mit dem Miso zur Sauce geben. Die Sauce gut 5 Minuten zugedeckt kochen lassen. Mit etwas edelsüßem Paprikapulver abschmecken.

Tofumayonnaise

Diese feine Sauce läßt sich nur im Mixer zubereiten. Sie paßt zu allem, wozu sonst auch Mayonnaise verwendet wird, aber auch als Beigabe zu Pellkartoffeln oder gebackenen Kartoffeln.

100 g Tofu · ½ Tasse Wasser · Saft von ½ Zitrone · 1–2 Eßl. Öl · 1 Teel. Senf · 3–4 Teel. Sojasauce

Pro Portion etwa 220 Joule/55 Kalorien,
3 g Eiweiß
Zubereitungszeit: 5 Minuten

Alle Zutaten in den Mixer füllen und feinmixen (etwa 60 Sekunden).

Tip: Die Tofumayonnaise wird durch die Sojasauce hellbraun. Wenn Sie eine »weiße« Mayonnaise vorziehen, verwenden Sie stattdessen 1 gestrichenen Teelöffel Kräutersalz.

Variante: Delikate Tofumayonnaise
Zusätzlich je 2 Messerspitzen Delikata und edelsüßes Paprikapulver mitmixen. So gewürzt paßt die Tofumayonnaise besonders gut als Salatsauce zu rohem Kohlrabi, Chicorée oder Chinakohl.

Variante: Sauce Tatare
1 kleine Gewürzgurke, 1 Teelöffel Kapern und 1 kleine geschälte, grob zerkleinerte Zwiebel mitmixen oder feingehackt dem fertigen Grundrezept beimischen. Die Sauce noch mit 1 Teelöffel feingeriebenem Meerrettich und frisch gemahlenem schwarzem Pfeffer abschmecken. Diese Version paßt gut zu gekochtem Sojamark.

Sherry-Salatsauce

Fast alle rohen Gemüsesorten, außer Tomaten, Sauerkraut und roten Beten/Rüben, können Sie mit dieser feinen Salatsauce mischen. Sie paßt auch gut zu gekochten Sojakeimlingen (Rezept Seite 47) und zu gekochten gelben Sojabohnen (Rezept Seite 21). Wenn schnell ein Salat serviert werden soll, hilft die Sherrysauce immer aus der Verlegenheit. Festlich sieht es aus, wenn Sie ein Schälchen mit Sherrysauce in die Mitte einer großen Platte stellen und ringsherum gewaschene, geputzte und grob zerkleinerte Gemüse anordnen. Sojakeimlinge und gekochte Sojabohnen ergänzen die Rohkostplatte gut.

1 kleine Zwiebel · 1 Eßl. Sojaöl · 2 Eßl. trockener Sherry (Amontillado oder Oloroso) · 1–2 Teel. Sojasauce · 2 Teel. Senf · Saft von ½ Zitrone

Pro Portion etwa 185 Joule/45 Kalorien,
0,5 g Eiweiß
Zubereitungszeit: 5 Minuten

Die Zwiebel schälen und grob zerkleinern. Zusammen mit allen übrigen Zutaten in den Mixer füllen und in etwa 30 Sekunden feinmixen. Oder – falls kein Mixer zur Verfügung steht – die Zwiebel sehr fein schneiden und zusammen mit allen übrigen Zutaten in einer Schüssel mit dem Schneebesen gründlich mischen.

Gelbe Kräutersauce

1 mittelgroße Zwiebel · 1 Eßl. Butter · 200 g Tofu · 2 gestrichene Teel. gekörnte Gemüsebrühe · 1 gestrichener Teel. Delikata · 1 gestrichener Teel. Kurkuma · 1 Tasse Wasser · ½ Becher Sahne (100 g) · 1–2 Eßl. feingehackte Kräuter (Schnittlauch, Petersilie, Dill, Liebstöckel)

Pro Portion etwa 705 Joule/170 Kalorien,
7 g Eiweiß
Zubereitungszeit: 10–15 Minuten

Die Zwiebel schälen und feinschneiden. Die Butter in einem kleinen Topf zerlaufen lassen und die zerkleinerte Zwiebel darin glasig braten. Inzwischen den Tofu in einem Suppenteller mit einer großen Gabel zerdrücken, zur Zwiebel geben, mit der gekörnten Brühe, dem Delikata und dem Kurkuma bestreuen. Alles umrühren und rasch bei starker Hitze unter Rühren 1–2 Minuten anbraten. Das Wasser zugießen, umrühren und die Sauce zugedeckt etwa 3 Minuten kochen lassen. Den Topf vom Herd nehmen. Die Sahne und die Kräuter unter die Sauce rühren.

Paßt gut zu: Pellkartoffeln oder Kartoffelpüree, ergänzt mit grünem Salat.

Champignonsauce

1 Eßl. Butter · 1 Zwiebel · 200 g frische Champignons · 1 Möhre (etwa 100 g) · ½ kleine Stange Lauch/Porree (etwa 100 g) · 100 g gekochte gelbe Sojabohnen, abgetropft (Rezept Seite 21) · 2 gestrichene Teel. Kräutersalz · 2 Messerspitzen frisch gemahlener weißer Pfeffer · ¼ l Wasser · 2 Eßl. Weizen · ½ Becher Sahne (100 g) oder 1 Becher saure Sahne (200 g) · 1 Eßl. feingehackte Petersilie

Pro Portion etwa 985 Joule/235 Kalorien,
8 g Eiweiß
Zubereitungszeit: 25 Minuten

Die Butter in einem kleinen Topf zerlaufen lassen. Die Zwiebel schälen und feinschneiden. Die Zwiebelwürfel in der Butter glasig braten. Inzwischen die Champignons waschen, putzen und in

Bild rechts: An italienische Küche erinnert der rustikale Tomatensalat. Rezept Seite 58.
Zum Bild auf Seite 70: Ein gehaltvoller Karotten-Nuß-Pudding mit Himbeersauce. Rezepte Seite 68 und 76.

Scheiben schneiden. Die Möhre waschen, putzen und feinwürfeln. Den Lauch waschen, putzen und feinschneiden. Das vorbereitete Gemüse mit den Sojabohnen und den Gewürzen zur Zwiebel geben. Alles zusammen zugedeckt unter gelegentlichem Wenden bei mittlerer Hitze 10 Minuten dünsten. Das Wasser in den Topf gießen und aufkochen lassen. Den Weizen mittelgrob schroten und langsam in die kochende Sauce einstreuen, dabei umrühren. Noch etwa 5 Minuten kochen lassen. Für eine feine, milde Sauce die Sahne zufügen, für einen kräftigeren Geschmack die verquirlte saure Sahne unterrühren. Die feingehackte Petersilie zum Schluß unter die Sauce mischen.

Paßt gut zu: Kartoffelpüree (Rezept Seite 64), gekochter Hirse (Rezept Seite 65), Frikadellen (Rezepte Seite 37–39) – Sauce mit Sahne. Die Sauce mit saurer Sahne paßt zu Naturreis oder Vollkornnudeln, Frikadellen.

Herzhafte Zwiebelsauce

2 große Zwiebeln · etwa 4 Eßl. Olivenöl · 1 kleine grüne Paprikaschote (etwa 100 g) · knapp ½ l Wasser · ½ Päckchen Soja-Bratlinge (75 g, Naturana) · 1 Eßl. Tomatenmark · 2–3 Teel. gekörnte Gemüsebrühe · 1 gestrichener Teel. edelsüßes Paprikapulver · je 1 Eßl. feingeschnittene Petersilie und Schnittlauch

Pro Portion etwa 825 Joule/195 Kalorien,
6 g Eiweiß
Zubereitungszeit: 15 Minuten

Die Zwiebeln schälen und grobwürfeln. Das Öl in einem Topf erhitzen und die Zwiebelwürfel darin glasig braten. Inzwischen die Paprikaschote längs vierteln, waschen, vom Stengelansatz und den Kernen befreien, die Stücke quer in dünne Streifen schneiden und zu den Zwiebeln geben. Paprika und Zwiebeln zugedeckt bei kleiner Hitze 5 Minuten dünsten. Das Wasser in den Topf gießen und die halbe Packung Soja-Bratlinge hineinschütten, umrühren und weitere 5 Minuten kochen. Das Tomatenmark zufügen und verrühren. Die Sauce mit der gekörnten Brühe und dem Paprikapulver abschmecken. Die feingehackten Kräuter daruntermischen.

Kirsch- oder Himbeersauce

Bild Seite 70

Diese fruchtige süße Sauce paßt als Beigabe oder Füllung zu Hirsecrêpes (Rezept Seite 77) oder zu Puddingdesserts.

1 gestrichener Eßl. Vollsojamehl · 1 gestrichener Eßl. Arrowroot, ersatzweise Maisstärkepuder · 1 Messerspitze Vanille · 1 Messerspitze Zimt · abgeriebene Schale von ½ Zitrone (Schale unbehandelt) · ⅛ l Wasser · 2 Eßl. Honig · 250 g frische Sauerkirschen oder 200 g frische Himbeeren

Pro Portion etwa 275 Joule/65 Kalorien,
2 g Eiweiß
Zubereitungszeit: 15 Minuten

Das Sojamehl, das Arrowroot, die Vanille, den Zimt und die Zitronenschale in einem kleinen Topf mischen. Das Wasser und den Honig zufügen und alles glattrühren. Die Kirschen waschen, entstielen und entsteinen oder die Himbeeren waschen und putzen. Das Obst in den Topf geben und unter Rühren aufkochen. Die Sauce 5 Minuten bei kleiner Hitze unter gelegentlichem Umrühren kochen lassen.

Soja für Eilige

»Schnellküche« ist für viele von uns eine tägliche Notwendigkeit. Trotzdem wollen wir schmackhafte und naturgemäße Mahlzeiten auf den Tisch bringen. Das ist keine Kunst, wenn man geeignete Rezepte hat, die dabei helfen. Ich habe Ihnen in diesem Kapitel eine Auswahl von schnellen und unkomplizierten kompletten Gerichten mit Soja-Fertigprodukten zusammengestellt. Es gibt ein breites Angebot an Fertigprodukten mit Soja in Reformqualität. In begrenztem Maße gehören daher auch sie zum Thema »Soja in der Vollwertküche«. Daß die Rohstoffe für alle von mir vorgeschlagenen Produkte laufend auf Schadstofffreiheit untersucht werden, bestätigten mir alle Firmen auf Anfrage.
Ergänzend finden Sie in diesem Kapitel einen Zeitsparvorschlag für vier aufeinanderfolgende Tage. Sie brauchen dafür nur einmal Sojabohnen (nach dem Grundrezept auf Seite 21) zu kochen und haben Ihr »Fertigprodukt« selbst. Natürlich können Sie die einzelnen Rezepte dieser Folge auch jederzeit separat kochen, wenn Sie zum Beispiel Sojabohnen aus der Dose verwenden. Viele »schnelle« Rezept-Ideen enthalten auch die anderen Kapitel dieses Kochbuches; anhand der jeweils angegebenen Zubereitungszeiten werden Sie sie rasch herausfinden.

Herzhafter Kartoffeltopf mit Klößchen

1 Päckchen Soja-Bratlinge (150 g, Naturana) · 1½ l Wasser · 1 Zwiebel · 1 gestrichener Eßl. gekörnte Gemüsebrühe · 1 kleines Päckchen tiefgefrorenes oder 1 Bund frisches Suppengrün · 500 g Kartoffeln · 4 Eßl. Grünkern · etwa 2 Eßl. Sojasauce · 1 Bund Petersilie · etwas Liebstöckel · nach Wunsch etwa 3 Eßl. Crèmes fraîche, 2 Eßl. Rotwein und/oder ½ Teel. gemahlener Kümmel

Pro Portion etwa 1540 Joule/365 Kalorien,
21 g Eiweiß (ohne Crème fraîche)
Zubereitungszeit: 20–25 Minuten

Den Inhalt der Packung Soja-Bratlinge mit 300 ccm Wasser in einer kleinen Schüssel verrühren. Die Zwiebel schälen und hineinreiben. Nochmals gut verrühren und stehenlassen. Das restliche Wasser (knapp 1¼ l) zusammen mit der gekörnten Gemüsebrühe und dem Suppengrün (frisches geputzt und zerkleinert) zum Kochen bringen. Die Kartoffeln schälen oder sauber bürsten (wenn aus biologischem Anbau und noch ohne Keime) und in grobe Würfel schneiden. Die Kartoffelwürfel in den Topf schütten und alles zusammen etwa 5 Minuten kochen. Aus dem Sojateig mit nassen Händen kleine Klößchen formen und in den kochenden Eintopf geben. Nochmals 5 Minuten auf kleiner Hitze kochen lassen. Den Grünkern mittelgrob schroten und langsam in die kochende Flüssigkeit einrühren, noch 2–3 Minuten kochen lassen. Prüfen, ob das Gemüse gar ist. Den Topf vom Herd nehmen. Den Eintopf mit der Sojasauce abschmecken und die feingehackten Kräuter untermischen. Den Kartoffeltopf nach Wunsch noch mit Crème fraîche, Rotwein und/oder Kümmel abschmecken.

Vollkornnudeln mit Soja-Bolognese

Etwa 1½ l Wasser · 3 Teel. Koch- oder Meersalz · 250 g Vollkornnudeln · 1 Dose Pasta chuta Bolognese (200 g, Granovita) · 2 gestrichene Teel. Arrowroot, ersatzweise Maisstärkepuder · 1 Tasse Wasser · 1 Tasse Sahne · etwa 2 Teel. gekörnte Gemüsebrühe · 1 Bund Schnittlauch · eventuell geriebener Parmesankäse

Pro Portion etwa 1390 Joule/330 Kalorien, 14 g Eiweiß
Zubereitungszeit: 20 Minuten

1½ l Wasser mit dem Salz zum Kochen bringen. Die Nudeln hineinschütten und in etwa 10 Minuten im sprudelnd kochenden Wasser gar kochen. Die Nudeln auf ein Sieb schütten und kurz mit kaltem Wasser überbrausen. Inzwischen den Inhalt der Pasta-chuta-Dose in einen kleinen Topf füllen. Das Arrowroot mit 1 Tasse Wasser anrühren und zu dem Sojahaschee gießen, zum Kochen bringen, dabei gelegentlich umrühren (einen Deckel auflegen, es spritzt!) und einmal richtig aufkochen lassen. Den Topf vom Herd nehmen, die Sahne zufügen, mit gekörnter Brühe abschmecken und den feingeschnittenen Schnittlauch daruntermischen. Die Nudeln in einer Schüssel anrichten, die Sauce in die Mitte gießen oder getrennt anrichten. Nach Wunsch geriebenen Parmesankäse dazu servieren.

Das paßt dazu: im Sommer grüner oder Gurkensalat, im Winter Chinakohl- oder Apfel-Sellerie-Rohkost.

Tip: Kochen Sie gleich die 1½fache Menge Nudeln und bereiten Sie aus dem Rest (zugedeckt im Kühlschrank aufbewahrt) am nächsten Tag den folgenden Nudelsalat. Hierfür sind Hörnchen oder ähnliches am besten geeignet.

Nudelsalat mit Frikadellen

1 Päckchen Soja-Bratlinge (150 g, Naturana) · 300 ccm Wasser · 1 Zwiebel
Zum Braten: Fett
125 g Vollkornnudeln, gekocht wie im vorangegangenen Rezept beschrieben · 500 g grüne Paprikaschoten · 500 g Tomaten · 1–2 Eßl. Öl · 2 gestrichene Teel. Kräutersalz · Saft von 1 Zitrone · etwa 3 Messerspitzen frisch gemahlener schwarzer Pfeffer · 2 Bund Schnittlauch

Pro Portion etwa 1495 Joule/356 Kalorien, 16 g Eiweiß
Zubereitungszeit: 25 Minuten

Den Inhalt des Päckchens Soja-Bratlinge in einer Schüssel mit dem Wasser verrühren. Die Zwiebel schälen und dazureiben. Die Masse gründlich verrühren, dann etwa 15 Minuten stehenlassen. Die Nudeln kochen oder Nudeln vom Vortag aus dem Kühlschrank nehmen. Die Paprikaschoten längs vierteln, waschen, vom Stengelansatz und den Kernen befreien, die Viertel nochmals längs teilen und die Stücke kurz in kochendem Wasser blanchieren, das heißt mit Wasser bedeckt einmal aufkochen und auf einem Sieb abtropfen lassen. Die Paprikastücke etwas abgekühlt quer in feine Streifen schneiden. Die Tomaten waschen und in Scheiben schneiden. Die Nudeln, Paprikastreifen und Tomatenscheiben in eine Schüssel füllen. Das Öl, das Kräutersalz, den Zitronensaft, den Pfeffer und den feingeschnittenen Schnittlauch obenauf geben und alles gründlich mischen. Inzwischen Fett in einer Pfanne erhitzen. Mit nassen Händen aus dem Sojateig kleine Frikadellen formen und auf beiden Seiten in jeweils 5 Minuten braun braten.

Tip: Die Frikadellen kann man auch gut in einer beschichteten Pfanne ohne Fett braten (bei kleiner Hitze, zugedeckt und doppelt so lange).

Varianten: Den Nudelsalat können Sie auch als schnelle Komplettmahlzeit zubereiten, wenn Sie kleingeschnittene Sojawürstchen oder gekochte gelbe Sojabohnen (Rezept Seite 21) oder mariniertes Sojamark (Rezept Seite 61) daruntermischen.

Apfelreis mit Sojamix-Curry

2 Tassen Naturreis · 4 Tassen Wasser · 1 gestrichener Eßl. gekörnte Gemüsebrühe · ½ Packung Sojamix Curry (Bioforce, A. Vogel = 100 g) · 400 ccm Wasser · 500 g säuerliche Äpfel · 50–75 g Sultaninen · ½ Becher Sahne (100 g) · Saft von ½–1 Zitrone · eventuell etwa 2 Eßl. trockener Weißwein · ½ Bund Petersilie

Pro Portion etwa 1920 Joule/450 Kalorien, 10 g Eiweiß
Quellzeit: etwa 12 Stunden (über Nacht) oder spätestens 1 Stunde vor der Zubereitung den Reis einmal aufkochen
Zubereitungszeit: 20 Minuten

Am Vorabend den Reis und 4 Tassen Wasser in einen großen Topf geben und zugedeckt quellen lassen oder spätestens 1 Stunde vor dem Kochen Reis und Wasser zusammen einmal aufkochen und zugedeckt stehenlassen.
Die gekörnte Brühe zufügen und den Reis zum Kochen bringen. Inzwischen das Sojamix Curry mit 400 ccm Wasser in einen kleinen Topf geben, einmal aufkochen, umrühren und zugedeckt 15 Minuten stehenlassen. Die Äpfel vierteln, schälen, das Kernhaus entfernen und die Apfelviertel mit den Sultaninen zum kochenden Reis geben. Zusammen fertig garen; die gesamte Kochzeit für den Reis beträgt etwa 15–20 Minuten. Die Sahne in das Soja-Curry gießen, umrühren, mit Zitronensaft und eventuell mit Weißwein abschmecken. Die feingehackte Petersilie untermischen. Die pikante Sauce zum ungewürzten Reis servieren.

Das paßt dazu: Rohkost.

Würstchenpfanne

Etwa 1 Eßl. Öl · 1 große Zwiebel · 1 kg Kartoffeln · 1 Tasse Wasser · 1 gestrichener Eßl. gekörnte Gemüsebrühe · schwarzer Pfeffer aus der Mühle · 375 g rohes Sauerkraut und 2 Lorbeerblätter oder 1 Paket tiefgefrorene Erbsen und Möhren (300 g) · 1 Dose Soja-Würstchen (140 g 4 Stück, Granovita) · 1 Bund Petersilie

Pro Portion etwa 1195 Joule/285 Kalorien, 8 g Eiweiß (mit Sauerkraut)
Zubereitungszeit: 20 Minuten (tiefgefrorenes Gemüse zuvor antauen lassen)

In einer großen Deckelpfanne etwas Öl erhitzen. Die Zwiebel schälen, in dünne Scheiben oder Würfel schneiden und im Öl glasig braten. Inzwischen die Kartoffeln schälen oder gründlich bürsten (falls aus biologischem Anbau und noch ohne Keime) und in Scheiben schneiden. Die Kartoffelscheiben gleichmäßig in der Pfanne verteilen. Das Wasser dazugießen. Die gekörnte Brühe darüberstreuen und etwas Pfeffer darübermahlen. Das Sauerkraut oder das angetaute Tiefkühl-Gemüse auf den Kartoffelscheiben verteilen; in das Sauerkraut die Lorbeerblätter stekken. Die Würstchen in etwa 1 cm breite Stücke schneiden und obenauf streuen. Nach Wunsch die Flüssigkeit aus der Dose in die Pfanne gießen. Den Deckel schließen (Ventil zu) und alles zusammen in etwa 10–15 Minuten garen. Kurz vor dem Servieren die feingehackte Petersilie über den Pfanneninhalt streuen.

Das paßt dazu: Rohkost.

Sojabohnen-Cremesuppe

1½ l Wasser · 1 kleines Päckchen tiefgefrorenes oder 1 Bund frisches Suppengrün · 1 gestrichener Eßl. gekörnte Gemüsebrühe · 4 Eßl. Weizen · 300 g gekochte gelbe Sojabohnen, abgetropft (Rezept Seite 21) · je 1 Teel. getrockneter, gerebelter Majoran und Thymian · Kräutersalz · etwa 2 Eßl. Obstessig · ½ Becher Sahne (100 g) · eventuell etwa 2 Eßl. Worcestershiresauce · 1 Bund Petersilie · eventuell etwas Liebstöckel

Pro Portion etwa 1210 Joule/290 Kalorien,
17 g Eiweiß
Zubereitungszeit: 15–20 Minuten

1 l Wasser mit dem Suppengrün (frisches geputzt und zerkleinert) und der gekörnten Brühe 5 Minuten kochen. Den Weizen mittelgrob schroten, in die kochende Brühe einrühren und noch etwa 3 Minuten kochen (Vorsicht, kocht leicht über!). Inzwischen die Sojabohnen mit dem Majoran und dem Thymian sowie ¼ l Wasser in den Mixer füllen und feinmixen (etwa 60 Sekunden). Den Inhalt des Mixers zur Suppe gießen, den Mixer mit ¼ l Wasser ausspülen und das Ausgespülte ebenfalls zur Suppe gießen. Die Cremesuppe mit Kräutersalz, dem Essig, der Sahne und eventuell der Worcestershiresauce abschmecken. Die feingehackten Kräuter untermischen.

Tip: Die Klößchen aus dem Rezept Seite 71 passen auch zu dieser Suppe. Den Klößchenteig 15 Minuten vor dem Kochen, wie dort beschrieben, anrühren. Die Klößchen, sobald das Wasser kocht, zufügen, mit dem Suppengrün 5 Minuten kochen, weiter wie oben verfahren.

Zwiebelbohnen mit Gomasio

375 g Zwiebeln (etwa 6 Stück) · 2 Eßl. Butter · 500 g gekochte gelbe Sojabohnen, abgetropft (Rezept Seite 21) · 4 Eßl. Gomasio · 1 gestrichener Teel. edelsüßes Paprikapulver · 1 gestrichener Teel. getrockneter, gerebelter Thymian · 1 Bund Petersilie

Pro Portion etwa 1745 Joule/415 Kalorien,
27 g Eiweiß
Zubereitungszeit: 20 Minuten

Die Zwiebeln schälen und in Ringe schneiden. Die Butter in einer Pfanne oder einem Topf erhitzen und die Zwiebelringe darin bei kleiner Hitze in etwa 10 Minuten unter gelegentlichem Wenden glasig braten. Die Bohnen zufügen und alles noch knapp 5 Minuten unter öfterem Wenden weitergaren. Den Topf vom Herd nehmen. Das Gomasio mit dem Paprikapulver und dem Thymian mischen und gleichmäßig über das Gemüse streuen. Alles schnell und gründlich mischen. Das fertige Gericht mit der feingehackten Petersilie bestreuen.

Das paßt dazu: Naturreis, gekochte Hirse (Rezept Seite 65) oder Kartoffelpüree (Rezept Seite 64) und grüner oder Tomatensalat oder eine andere Rohkost.

Tomaten-Sojabohnen-Salat mit Pellkartoffeln

Auch dies ist ein Rezept »mit Fortsetzung« zur Zeitersparnis: Kochen Sie gleich 2 kg Pellkartoffeln, damit Sie am nächsten Tag die Grundlage für das Rezept Bauernfrühstück schon fertig haben (zugedeckt im Kühlschrank aufbewahren).

Soja für Eilige

1¼ kg Kartoffeln · 500 g Tomaten · 2 große Zwiebeln · 400 g gekochte gelbe Sojabohnen, abgetropft (Rezept Seite 21) · 1 gestrichener Teel. Kräutersalz · etwa 2 Messerspitzen frisch gemahlener schwarzer Pfeffer · 2 Teel. Öl · 1 Bund Schnittlauch

Pro Portion etwa 2255 Joule/535 Kalorien,
27 g Eiweiß
Zubereitungszeit: 10 Minuten
Marinierzeit: mindestens 5 Minuten

Die Kartoffeln in der Schale kochen (etwa 30 Minuten). Die Tomaten waschen und in Scheiben oder Achtel schneiden. Die Zwiebeln schälen, längs halbieren und quer in dünne halbe Ringe schneiden. Die vorbereiteten Tomaten und Zwiebeln mit den Sojabohnen in eine Schüssel füllen. Das Kräutersalz, den Pfeffer, das Öl und den feingeschnittenen Schnittlauch darübergeben und alles gründlich mischen. Den Salat mindestens 5 Minuten durchziehen lassen. Zu den heißen Pellkartoffeln servieren.

Varianten: Der Salat schmeckt auch ohne Öl, wenn Sie Fett sparen wollen. 1 Teelöffel frisches, feingehacktes Basilikum zum Salat ist eine Abwechslung im Geschmack.

Bauernfrühstück

Wenn Sie die Pellkartoffeln mit dem vorangegangenen Gericht gleich mitgekocht haben, ist dieses beliebte Pfannengericht im Handumdrehen fertig.

200 g Stein-Champignons · 2 große Zwiebeln · 2 Eßl. Butter und 2 Eßl. Olivenöl · 1½ Eßl. gekörnte Gemüsebrühe · frisch gemahlener schwarzer Pfeffer · 750 g Pellkartoffeln · 300 g gekochte gelbe Sojabohnen, abgetropft (Rezept Seite 21) · 250 g Tomaten · 2 Eier · 2 Eßl. Wasser · ½ Teel. Delikata · 1 gestrichener Teel. Knoblauchsalz · ½ Bund Petersilie · ½ Bund Schnittlauch

Pro Portion etwa 1585 Joule/375 Kalorien,
25 g Eiweiß
Zubereitungszeit: 20 Minuten

Die Pilze waschen, putzen und in Scheiben schneiden. Die Zwiebeln schälen und würfeln. Das Fett in einer großen Pfanne erhitzen und die Zwiebelwürfel darin glasig braten. Die Champignonscheiben zu den Zwiebeln geben, mit ½ Eßlöffel gekörnter Brühe und etwas Pfeffer bestreuen. Die Zwiebeln und Pilze etwa 5 Minuten auf kleiner Hitze unter gelegentlichem Wenden braten. Inzwischen die Kartoffeln abziehen, in dünne Scheiben schneiden und mit den Sojabohnen in die Pfanne geben. Mit 1 Eßlöffel gekörnter Brühe und etwas Pfeffer bestreuen und alles zusammen bei mittlerer Hitze unter häufigem Wenden etwa 10 Minuten braten. Die Tomaten waschen und in dünne Spalten schneiden. In die Pfanne geben. Die Eier mit dem Wasser, dem Delikata und dem Knoblauchsalz gut verquirlen, dann gleichmäßig über den Pfanneninhalt gießen. Das Ganze in 2–3 Minuten fertigbraten, dabei öfter wenden. Kurz vor dem Servieren die feingehackten Kräuter über das Bauernfrühstück streuen.

Das paßt dazu: Gurken-, Tomaten-, grüner oder gemischter Salat.

Desserts und Konfekt

Süßes aus Soja eröffnet ganz neue Perspektiven für diesen beliebten kulinarischen Bereich. Alle Rezepte in diesem Kapitel enthalten nur Honig oder Früchte als Süßmittel. Sie können also – in Maßen – guten Gewissens zugreifen. Ein geschmacksneutraler heller Blütenhonig eignet sich zum Süßen am besten.
Wie ich beim Ausprobieren festgestellt habe, lassen sich mit Soja bei Desserts interessante Geschmackseffekte erzielen, und pralinenähnliche Schleckereien gelingen mit wesentlich weniger Fett, als es für Süßigkeiten nach herkömmlichen Rezepten oder für gekaufte Produkte benötigt wird. Im Schwabenland hat man für solches Naschwerk einen hübschen Sammelbegriff: »Gutsle« – das sagt alles.

Karotten-Nuß-Pudding

Bild Seite 70

Zutaten für 1 kleine Puddingform oder 1 großen Wasserbadeinsatz:
100 g Haselnüsse · 250 g Möhren ·
75 g Vollsojamehl · 2 gestrichene Eßl. Arrowroot, ersatzweise Maisstärkepuder ·
2 Messerspitzen Vanille · abgeriebene Schale von ½ Zitrone (Schale unbehandelt) · 3 Eier ·
½ Becher Sahne (100 g) · 2–3 Eßl. Honig
Für die Form: Margarine und Vollkornbrösel

Pro Portion etwa 2105 Joule/500 Kalorien,
17 g Eiweiß
Zubereitungszeit: 30 Minuten
Garzeit: 1 Stunde

Eine schwere Eisen- oder Edelstahlpfanne trocken erhitzen. Die Nüsse darin bei kleiner Hitze etwa 5 Minuten unter gelegentlichem Wenden rösten, bis die Schalen zu platzen beginnen und die Nüsse angenehm duften. Die Pfanne vom Herd nehmen (die Nüsse rösten darin noch etwas nach). Die Möhren waschen, putzen und feinreiben oder in der Moulinette zerkleinern. Die Nüsse reiben oder ebenfalls in der Moulinette zerkleinern. Das Sojamehl mit dem Arrowroot, der Vanille und der Zitronenschale mischen. Die 3 Eigelbe, die Sahne, den Honig und die geriebenen Nüsse und Möhren zufügen. Alles gründlich mischen. Die Eiweiße zu steifem Schnee schlagen und vorsichtig unter die Möhrenmasse heben. Die Puddingform oder den Wasserbadeinsatz gut einfetten und mit Bröseln ausstreuen. Die Puddingmasse hineinfüllen. Darauf achten, daß die Form nur zu ¾ gefüllt ist. Die gefüllte Form ein paarmal auf ein feuchtes Tuch stoßen. Die Puddingform gut verschließen oder den Wasserbadeinsatz mit einem passenden Topfdeckel schließen. Den Pudding im Wasserbad 1 Stunde kochen. Danach die Form abschrecken und den Pudding auf einen großen Teller stürzen.

Das paßt dazu: Kirsch- oder Himbeersauce (Rezept Seite 68).

Im großen Topf wird so viel Wasser zum Kochen gebracht, daß die Puddingform bis zu ¾ hoch darin stehen kann. Das Wasser soll leicht weiterkochen.

Hirsecrêpes

Zutaten für etwa 10 Crêpes, in einer Pfanne von 25 cm ∅ gebacken:
¼ l Milch · 100 g Hirse · 30 g Vollsojamehl (3 gestrichene Eßl.) · 3 Eier · ½ Becher Sahne (100 g) · 1 Eßl. Honig · 2 Messerspitzen Vanille
Zum Backen: etwa 4 Eßl. Butter

Pro Stück etwa 1850 Joule/440 Kalorien,
13 g Eiweiß
Quellzeit: 1 Stunde
Zubereitungszeit: 40 Minuten

Die Milch und die Hirse zusammen in einem kleinen Topf einmal aufkochen, vom Herd nehmen und zugedeckt 1 Stunde stehenlassen. Dann die gequollene Hirse mit der Milch und allen übrigen Zutaten in den Mixer füllen und feinmixen (etwa 60 Sekunden). Jeweils 1 Teelöffel Butter in der Pfanne zerlaufen lassen, etwas Teig hineingießen und die Crêpes in je 2–3 Minuten auf jeder Seite goldbraun braten. Warm stellen, bis alle gebakken sind.

Das paßt dazu: Kirsch- oder Himbeersauce (Rezept Seite 68); man kann die Crêpes auch mit der Sauce füllen.

Variante: Flambierte Crêpes
Füllen Sie die Crêpes mit ¾ der Menge Kirsch- oder Himbeersauce, legen Sie sie in eine Flambierpfanne und überziehen Sie das Ganze mit der restlichen Sauce. Erhitzen Sie 3 Eßlöffel Rum (54% Vol.) mit 1 Eßlöffel Honig (nicht kochen). Den heißen Honig-Rum über die Crêpes gießen und vorsichtig anzünden. Brennend servieren (das sieht am schönsten aus, wenn es in dem Raum nicht ganz hell ist).

Variante: Crêpes mit Gemüsefüllung
Den Crêpeteig ohne Honig und Vanille, statt dessen mit 2 Messerspitzen Koch- oder Meersalz und 1 Messerspitze geriebener Muskatnuß oder -blüte zubereiten. Die fertigen Crêpes mit Tofu-Gurken-Haschee (Rezept Seite 34) oder Buttererbsen oder -bohnen mit Tofu (Rezept Seite 48) füllen.

Delikater Fruchtsalat

Für die Sojabohnen:
200 g gelbe Sojabohnen · ½ l Wasser · 100 g Honig · 2 Messerspitzen Vanille
Für den Salat:
500 g frische Sauerkirschen · 1 Honigmelone (etwa 800 g) · Saft von 1 Zitrone · abgeriebene Schale von ½ Zitrone (Schale unbehandelt) · 2 Teel. Honig · 2 Messerspitzen Vanille · 2 Messerspitzen Delifrut · 1 Zweig Zitronenmelisse · ½ Becher Sahne (100 g)

Pro Portion etwa 1570 Joule/375 Kalorien,
17 g Eiweiß
Quellzeit: etwa 12 Stunden (über Nacht)
Garzeit: 2 Stunden
Zubereitungszeit: etwa 20 Minuten

Die süßen Sojabohnen nach dem Rezept auf Seite 22 kochen; die Zutaten ergeben 400 g gekochte Bohnen. Die übrigbleibenden 100 g Bohnen für Karamelbohnen (Rezept Seite 79) verwenden oder mit Kirsch- oder Himbeersauce essen.
Die Sauerkirschen waschen, entstielen und entsteinen. Die Melone halbieren, vom weichen Inneren und den Kernen befreien und das Fruchtfleisch mit einem Kugelausstecher herauslösen oder mit einem Messer in Würfel schneiden. Den Zitronensaft mit der Zitronenschale, dem Honig, der Vanille und dem Delifrut verrühren. Die Hälfte davon über die Kirschen, die Melonenkugeln

oder -würfel und die süßen Sojabohnen gießen und alles vorsichtig mischen. Etwa 5 Minuten durchziehen lassen. Kurz vor dem Servieren die Melissenblättchen vom Zweig zupfen, feinschneiden und unter den Salat mischen. Den Salat in einer Glasschüssel anrichten. Die Sahne halbsteif schlagen und die restliche Zitronensaftmischung vorsichtig darunterrühren. Die Sahnesauce über den Salat gießen und erst beim Essen daruntermischen.

Feine Tofucreme

200 g Tofu · 2 Eßl. Honig (etwa 60 g) · ½ Tasse Milch oder Sojamilch · ½ Becher saure Sahne (100 g) · abgeriebene Schale von ½ Zitrone (Schale unbehandelt) · Saft von 1 Zitrone · 1 Messerspitze Vanille · 1 Messerspitze Delifrut

Pro Portion etwa 665 Joule/160 Kalorien,
7 g Eiweiß
Zubereitungszeit: 5 Minuten
Ruhezeit: etwa 10 Minuten

Alle Zutaten in den Mixer füllen und fein pürieren (etwa 60 Sekunden). Die Creme in eine Schüssel füllen und etwa 10 Minuten stehenlassen; sie wird dadurch etwas fester.

Tip: Diese kühle Creme eignet sich gut als Kaltschale, gemischt mit Stücken von Erdbeeren, Aprikosen, Pfirsichen, Birnen, mit Orangenspalten und/oder Bananenscheiben oder verrührt mit 1 Scheibe zerbröseltem Pumpernickel oder dunklem Vollkornbrot und etwa 50 g Rosinen (ungeschwefelt) oder Korinthen, oder als Sauce über die oben angeführten Früchte.

Honigtofu mit Früchten

2 Eßl. Butter · 2 Eßl. Honig · 2 Messerspitzen Vanille · 1 Messerspitze Zimt · 200 g Tofu · 4 Pfirsiche oder 2 Bananen und 2 Orangen

Pro Portion etwa 755 Joule/180 Kalorien,
6 g Eiweiß
Zubereitungszeit: 15 Minuten

Die Butter, den Honig und die Gewürze in eine Pfanne geben und zerlaufen lassen, gut umrühren. Den Tofu zuerst in etwa 3 mm dicke Scheiben, dann in Stifte schneiden. Die Tofustifte in das Butter-Honig-Gemisch schütten und auf mittlerer Hitze unter gelegentlichem Wenden schäumend kochen lassen, bis die Tofustücke sich zu bräunen beginnen. Dann auf kleine Hitze schalten. Die Pfirsiche waschen, vierteln, von den Kernen befreien und die Viertel quer in ½ cm dicke Scheiben schneiden, oder die Bananen schälen, in Scheiben schneiden und die Orangen schälen, in Spalten teilen. Das vorbereitete Obst in die Pfanne schütten und unter öfterem Wenden knapp 5 Minuten mitgaren. Das Dessert sollte noch warm serviert werden.

Zitronenschaumeis

Das folgende Rezept hilft aus der Verlegenheit, wenn ein Dessert oder eine Beigabe zu frischen Früchten fehlt oder wenn die Kinder – kleine oder große – sich Eis wünschen und fast nichts im Hause ist. Durch Zusatz von Sojaeiweiß werden Eier noch besser aufgeschlagen. Das gelingt nur mit Sojamilch, denn isoliertes Sojaeiweiß ist ja für den Normalverbraucher nicht zu bekommen. Wenn man Ei, Honig und Sojamilch wie folgt aufschlägt, entsteht ein sehr lockerer und leichter Schaum, aus dem schnell ein ebensolches Eis wird. Es wird bestimmt bald seine Liebhaber finden.

1 Ei · 2 Eßl. Honig · 1 Messerspitze Vanille · 3 Eßl. Sojamilch oder selbstgemachte dicke, cremige Sojamilch (Rezept Seite 22) · Saft von ½ Zitrone

Pro Portion etwa 345 Joule/80 Kalorien,
2 g Eiweiß
Zubereitungszeit: etwa 5 Minuten
Gefrierzeit: 45–60 Minuten

Das Ei mit dem Honig und der Vanille in die Rührschüssel des elektrischen Handrührgerätes oder der Küchenmaschine geben und mit den Schneebesen ½ Minute aufschlagen. Die Sojamilch zufügen und etwa 2 Minuten weiterschlagen, bis viel lockerer, heller Schaum entstanden ist. Den Zitronensaft zum Schluß schnell unterrühren. Den Schaum rasch in die Eiswürfelschale des Kühlschranks füllen (ohne Einsatz) und für 45–60 Minuten ins Gefrierfach stellen.

Tip: Wenn Sie selbstgemachte dicke, cremige Sojamilch verwenden, können Sie 1 Eßlöffel mehr nehmen und erhalten noch mehr Eis.

Karamelbohnen

200 g gelbe Sojabohnen · ½ l Wasser · 100 g Honig · 3 Messerspitzen Vanille · 200 g (Methode I) oder 100 g (Methode II) Honig · 1 Eßl. Butter · etwas Öl oder Butter

Pro Teelöffel etwa 235 Joule/55 Kalorien,
2,5 g Eiweiß
Quellzeit: etwa 12 Stunden (über Nacht)
Garzeit: 2 Stunden
Zubereitungszeit: 20 Minuten

Die süßen Sojabohnen nach dem Rezept auf Seite 22 kochen.
Methode I: Die süßen gekochten Sojabohnen auf einem Sieb gut abtropfen lassen. In eine Pfanne 200 g Honig und die Bohnen geben und bei mittlerer Hitze unter gelegentlichem Wenden schäumend kochen lassen, bis der Honig beginnt, sich zu bräunen (dauert etwa 10 Minuten). Die Butter zufügen, auf kleine Hitze schalten und weiterrühren, bis alles eine schöne karamelbraune Farbe bekommt. Die Karamelbohnen sofort auf einen mit Öl oder Butter bestrichenen Teller geben und abkühlen lassen.
Methode II: Die süßen gekochten Sojabohnen mit der restlichen Kochflüssigkeit in eine Pfanne geben. 100 g Honig zufügen und unter gelegentlichem Umrühren auf mittlerer bis starker Hitze einkochen lassen, bis die Flüssigkeit verdampft ist und die Honigmasse mit den Bohnen beginnt sich dunkler zu färben. Die Butter zufügen und bei kleiner Hitze weiterrühren, bis alles schön karamelbraun ist. So zubereitet, können die abgekühlten Bohnen in einem beliebigen Gefäß aufbewahrt werden, denn sie kleben nicht so fest zusammen.

Tip: Spülen Sie die Pfanne entweder sofort oder weichen Sie sie in Wasser einige Stunden ein. So wird sie fast von selbst sauber.

Pralinékugeln

Zutaten für 40 Kugeln:
200 g gelbe Sojabohnen · ½ l Wasser · 200 g Honig · Vanille

Pro Stück etwa 130 Joule/30 Kalorien, 2 g Eiweiß
Quellzeit: etwa 12 Stunden (über Nacht)
Garzeit: 2 Stunden
Zubereitungszeit: je nach Sorte 30–45 Minuten

Die süßen Sojabohnen nach dem Rezept auf Seite 22 kochen – mit 100 g Honig und 3 Messerspitzen Vanille. Die heißen Bohnen durch ein Sieb streichen oder mit dem Passiergerät des elektrischen Handrührgerätes oder einer Küchenmaschine verarbeiten. Das Kochwasser als Getränk verwenden. Den Rückstand im Sieb beiseitestellen, daraus können Sie nach dem Rezept Fruchtkugeln »2. Wahl« zubereiten. Die durchpassierte Sojamasse mit 100 g Honig und 5 Messerspitzen Vanille verrühren. Aus diesem Grundrezept können Sie die folgenden 2 Sorten zubereiten:

Ingwerkugeln
Die Sojamasse mit ¼–½ Teelöffel gemahlenem Ingwer mischen. 100 g kandierten Ingwer in der Moulinette zerkleinern oder ganz fein hacken, weitere 50 g grobhacken. 250 g Walnußkerne feinreiben. Den kandierten Ingwer und 200 g geriebene Walnüsse gut unter die Masse kneten. Kugeln von der Größe kleiner Walnüsse formen und in den restlichen geriebenen Walnüssen wälzen. Mindestens 1 Stunde durchziehen lassen.

Fruchtkugeln
Die Sojamasse nach dem Grundrezept zubereiten. Je 100 g getrocknete Aprikosen und getrocknete Birnen grob zerkleinern und zusammen mit 100 g Rosinen, 100 g Korinthen, 100 g Orangeat und 100 g Zitronat in der Moulinette zerkleinern oder mit einem Wiegemesser sehr fein hacken. Die zerkleinerten Zutaten zusammen mit der abgeriebenen Schale von ½ Zitrone (Schale unbehandelt) und 2 Eßlöffeln Zitronensaft unter die Sojamasse mischen. Kugeln von der Größe kleiner Walnüsse formen. 150 g Haselnüsse oder Walnußkerne feinreiben und die Kugeln darin wälzen. Dieses Rezept ergibt etwa 60 Kugeln.

Azuki-Trüffelspitzen

Zutaten für etwa 60 Stück:
200 g Azukibohnen · ¾ l Wasser · 100 g Honig · 2 Messerspitzen Vanille · 1 Eßl. Rum (54% Vol.) · 1 kleine Messerspitze gemahlene Nelken · 50 g ungehärtetes Kokosfett · 1 gestrichener Meßlöffel Biobin

Pro Stück etwa 105 Joule/25 Kalorien, 1 g Eiweiß
Quellzeit: etwa 12 Stunden (über Nacht)
Garzeit: 90 Minuten + 30 Minuten zum Ausquellen
Zubereitungszeit: 25 Minuten

Am Abend zuvor die Azukibohnen mit dem Wasser einmal aufkochen und zugedeckt über Nacht stehenlassen.
Am nächsten Tag 50 g Honig und die Vanille zufügen und die Bohnen bei kleiner Hitze in 90 Minuten weich kochen. Noch mindestens 30 Minuten zugedeckt stehenlassen. Die weichen Bohnen durch ein Sieb streichen oder mit dem Passiergerät des elektrischen Handrührgerätes oder der Küchenmaschine verarbeiten. Den Rückstand (die Schalen) wegwerfen. Die weiche Paste mit dem Rum, dem Nelkenpulver und 50 g Honig verrühren. Das Kokosfett zerlassen und etwas abgekühlt unter die Masse rühren. Das Biobin darüberstreuen und ebenfalls gut untermischen. Die Masse in einen Spritzbeutel oder eine Tortenspritze mit Sterntülle füllen und auf eine Edelstahlplatte oder einen Teller »Spitzen« spritzen. Die Trüffelspitzen mit einem großen Stück Frischhaltefolie locker bedecken und die Folie unter dem Teller oder der Platte andrücken. Die Azuki-Trüffeln im Kühlschrank mindestens 1 Stunde fest werden lassen. Sie halten sich im Kühlschrank etwa 7 Tage und schmecken auch am besten gut gekühlt.

Getränke als Energiespender

Getränke mit Soja löschen nicht nur den Durst, sondern sie sind gleichzeitig nahrhaft und leicht verdaulich. Probieren Sie einmal zwischendurch zur Anregung, Erfrischung oder als kleine »Energiespritze« eines der folgenden Getränke (warum sollen das nur die Sportler machen?). Sie werden sehen, wie angenehm Ihnen das über die »müde Welle« hinweghilft – ohne schädliche Nebenwirkungen.

Krafttrunk

Sicher hat dieses Getränk alle Chancen, Ihr täglicher »Haustrunk« zu werden. Ihren Tee oder Kaffee können Sie dafür ruhig schwächer zubereiten. Zusammen mit den übrigen Zutaten wird daraus ein bekömmliches Getränk, dessen langanhaltende anregende Wirkung auf seinem Gehalt an Lezithin und hochwertigem Eiweiß beruht. Alle folgenden Krafttrunk-Varianten sollten Sie während des Trinkens ab und zu umrühren.

Zutaten für 1 Tasse:
2 gestrichene Teel. Vollsojamehl oder Sojamehl fettarm · eventuell 1 Messerspitze Vanille oder Zimt · 1 Teel. Honig · 1 Tasse Tee oder Kaffee · Milch oder Kaffeesahne nach Belieben

Etwa 220 Joule/50 Kalorien, 2 g Eiweiß
Zubereitungszeit: 1 Minute (ohne Kaffee- oder Teekochen)

Das Sojamehl und den Honig in eine Tasse geben, etwas Tee oder Kaffee (etwa 2 Teelöffel) dazugießen, alles glattrühren, nochmals wenig Flüssigkeit dazugießen, wieder glattrühren und mit dem restlichen Tee oder Kaffee aufgießen.
Man kann den Krafttrunk pur trinken oder wie gewohnt Milch oder Kaffeesahne zufügen.
Sie können das Getränk nach Wunsch mit 1 Messerspitze Vanille oder Zimt aromatisieren (mit dem Mehl mischen).

Variante: Sojakakao
Rühren Sie das Sojamehl mit 2 Teelöffeln Honig, 1 gestrichenen Teelöffel Kakao und 1 kleinen Messerspitze Vanille an und gießen nach und nach, wie oben, heißes Wasser, Milch oder Sojamilch auf.

Variante: Pfefferminzkakao
Rühren Sie die Soja-Honig-Kakao-Mischung wie oben an (ohne Vanille) und gießen mit starkem Pfefferminztee auf. Gut gekühlt servieren – ideal an heißen Tagen.

Ananasmilch

Mixgetränke mit Sojamilch werden cremig dick. Sie sind sehr bekömmlich und erfrischend und gerinnen nicht so leicht wie solche aus Kuhmilch. Probieren Sie auch andere Früchte.

Zutaten für 2 große Gläser:
150 g frisches Ananasfruchtfleisch, notfalls ungezuckerte Ananas aus der Dose · Saft von ½ Grapefruit · ½ l Sojamilch · eventuell 1–2 Teel. Honig

Pro Glas etwa 480 Joule/115 Kalorien, 8 g Eiweiß
Zubereitungszeit: 5 Minuten

Das Ananasfruchtfleisch grob zerkleinern und zusammen mit den übrigen Zutaten in den Mixer füllen, sofort feinmixen (etwa 45 Sekunden). Eventuell mit Honig abschmecken (je nach Süße der Ananas) und in Gläser füllen.

Tofu-Frucht-Shake

Zutaten für 4 Gläser:
100 g Tofu · 50 g Erdbeeren oder Himbeeren oder Ananas oder frisch ausgepreßter Orangensaft oder ½ Banane oder 100 g entsteinte Süßkirschen oder Süß- und Sauerkirschen gemischt · 1 Eßl. Honig · 1 Teel. Mandelmus (Fertigprodukt) · Saft von ½ Zitrone · ¼ l Wasser

Pro Glas etwa 290 Joule/70 Kalorien, 4 g Eiweiß
Zubereitungszeit: 5 Minuten

Alle Zutaten zusammen in den Mixer füllen und feinmixen (etwa 45 Sekunden). Das Getränk in Gläser füllen.

Tip: 1 Kugel Vanilleeis in jedem Glas macht das Getränk kühl und noch cremiger.

Trinkjoghurt mit Früchten

Aus Sojamilch läßt sich ohne Schwierigkeiten Joghurt herstellen. Pur schmeckte er uns nicht so sehr, doch gemixt mit aromatischen Früchten wird daraus ein köstliches Getränk.

Zutaten für 2 große Gläser:
½ l Sojamilch · ½ Becher Sanoghurt · 100 g frische aromatische Beeren oder Früchte (Erdbeeren, Himbeeren, Brombeeren, schwarze Johannisbeeren oder entsteinte Sauerkirschen) · 1 Eßl. Honig · Saft und Schale von ½ Zitrone (Schale unbehandelt)

Pro Glas etwa 710 Joule/170 Kalorien, 11 g Eiweiß
Ruhezeit: 3–12 Stunden
Zubereitungszeit: 5 Minuten

Die Sojamilch auf etwa 40 °C erwärmen; selbstgemachte frische Sojamilch auf etwa 40 °C abkühlen lassen. Den Sanoghurt mit einem Schneebesen gründlich unter die Sojamilch rühren und das Gefäß zugedeckt an einem warmen Platz stehenlassen. Je nach Außentemperatur ist die Milch in 3–12 Stunden dick. Sollte sie dann nicht sofort verwendet werden können, muß man sie bis zum Gebrauch in den Kühlschrank stellen.
Die Früchte waschen und verlesen. Die vorbereiteten Früchte zusammen mit dem Sojajoghurt, dem Honig, dem Zitronensaft und der -schale in den Mixer füllen. In 30–60 Sekunden cremig mixen. Sofort servieren.

Soja-»Kaffee«

Diesen »Unechten« möchte ich Ihnen nicht vorenthalten, wenn er auch nicht jedermanns Lieblingsgetränk werden wird.

gelbe Sojabohnen

Den Boden einer schweren Eisen- oder Edelstahlpfanne mit Sojabohnen bedecken. Die Pfanne zunächst heiß werden lassen. Die Bohnen dann bei kleiner Hitze und unter gelegentlichem Wenden in etwa 20 Minuten dunkelbraun rösten. Darauf achten, daß sie nicht verbrennen (Sojabohnen rösten wegen ihres Fettgehaltes schnell). Die Bohnen abkühlen lassen und in der Hand- oder elektrischen Kaffeemühle so viel mahlen, wie im Moment gebraucht wird. Für 1 Tasse genügt 1 gehäufter Teelöffel Bohnenmehl. Den gemahlenen »Kaffee« entweder mit Wasser in einen Topf geben, gerade eben zum Kochen kommen lassen (nicht kochen) und durch ein Sieb abgießen oder wie gewohnt filtern; dafür die Bohnen sehr fein mahlen.

Köstlicher Brotaufstrich

Selbstgebackenes Vollkornbrot schmeckt eigentlich schon ohne Aufstrich gut, und unsere Vorfahren waren meist klug genug, es »trocken« zu essen, was zu ihrem viel geringeren (gesünderen) Fettverbrauch beitrug. Heute geht es meist nicht mehr »ohne«; doch auch Brotaufstrich ist nicht gleich Brotaufstrich. Mit Soja gelingen eiweißreiche, relativ fettarme Pasten und Cremes, die auch den verwöhnten Geschmack zufriedenstellen und die überdies nur einen Bruchteil der Fertigprodukte kosten. Sie sind viel leichter verdaulich als vergleichbarer Wurst- oder Käsebelag.

Sojapaste im Glas

Bild Seite 87

Ein schmackhafter Brotaufstrich, der sich gut abwandeln läßt.

Zutaten für 2 Parfaitgläser (Gläser mit Patentverschluß) oder Einweckgläser (Sturzgläser) von je ½ l Inhalt:
2 Zwiebeln · 2 Knoblauchzehen · 3 Eßl. Olivenöl · 50 g Grünkern · 2 Teel. Kümmel · 50 g Vollsojamehl · 50 g Sojamehl fettarm · 1 gestrichener Teel. Pilzpulver · 2 Messerspitzen frisch gemahlener schwarzer Pfeffer · ¼ l Wasser · 2 Eßl. Sojasauce · 100 g Margarine · 2 Eßl. Edelhefeflocken
Für die Gläser: etwas Margarine

Insgesamt etwa 6920 Joule/1650 Kalorien, 55 g Eiweiß
Zubereitungszeit: 20 Minuten
Garzeit: 30 Minuten

Die Zwiebeln und die Knoblauchzehen schälen und feinschneiden. Das Öl in einem Topf erhitzen und die zerkleinerten Zwiebeln und Knoblauchzehen darin hellgoldgelb braten. Inzwischen den Grünkern zusammen mit dem Kümmel mittelgrob schroten (oder gemahlenen Kümmel verwenden). Die Sojamehle, das Pilzpulver und den Pfeffer mischen. Den Grünkernschrot mit dem Kümmel zu den Zwiebeln schütten und unter Rühren etwa 1 Minute mitbraten. Das Sojamehlgemisch zufügen und unter Rühren ebenfalls kurz mit anrösten. Das Wasser und die Sojasauce dazugießen. Alles schnell und gründlich verrühren. Den Topf vom Herd nehmen. Die Margarine und die Hefeflocken zufügen. 2–3 Minuten stehenlassen, bis die Margarine geschmolzen ist, dann alles gründlich miteinander verrühren. Eventuell noch mit Sojasauce und Pfeffer abschmecken. Parfaitgläser oder kleine Weckgläser (Sturzgläser) ausfetten und bis zu ¾ mit der Sojamasse füllen. Die Gläser mit Gummiring und Deckel – wie vom Einwecken gewohnt – schließen und im Wasserbad (bis ¾ der Glashöhe) 30 Minuten kochen; ein Gitter auf den Boden des Topfes stellen! Im Kühlschrank aufbewahrt hält dieser Aufstrich ungeöffnet etwa 10 Tage, geöffnet etwa 6 Tage.

Variante: Paprikapaste
1 rote oder grüne Paprikaschote (am schönsten gemischt) längs achteln, waschen, von Stengelansatz und Kernen befreien, quer in feine Streifen schneiden und in kochendem Wasser 5 Minuten blanchieren. Die abgetropften Paprikastreifen zusammen mit der Margarine zur Sojamasse geben. Zusätzlich mit 3–4 Messerspitzen Piccata abschmecken.

Variante: Zwiebelpaste
Statt der angegebenen Mengen 4–6 Zwiebeln und 4 Knoblauchzehen nehmen. Die Masse zum Schluß mit zusätzlich je ½ Teelöffel getrocknetem, gerebeltem Thymian und Majoran abschmecken.

Variante: Würstchen
Leckere Brüh- oder Bratwürstchen fürs Mittagessen entstehen, wenn Sie alle Zutaten des Grundrezeptes von Zwiebeln bis Pfeffer genauso vorbereiten wie für Sojapaste im Glas; das Wasser (¼ l) weglassen. Inzwischen 1 l Wasser mit 1 Teelöffel Koch- oder Meersalz zum Kochen bringen. Den Topf mit der Sojamasse vom Herd nehmen. 2 Eßlöffel Sojasauce, 1 Ei und 3 Eßlöffel Wasser gründlich unter die Masse rühren. Mit nassen Händen aus dem Teig 4 Rollen formen, ins kochende Salzwasser legen und darin zugedeckt bei kleiner Hitze in 10 Minuten gar kochen. Mit einem Schaumlöffel herausheben und als »Brühwürstchen« servieren oder gut abtropfen lassen und in Sojaöl knusprig braun braten.

Tofucreme

Bild Seite 87

Brotaufstriche aus Tofu gelingen am feinsten, wenn sie im Mixer hergestellt werden. Dazu muß eventuell wenig Flüssigkeit (Wasser oder Sojamilch) zugefügt werden und, damit die Creme wieder fest wird, ein Bindemittel. 1 gestrichener Meßlöffel Biobin, zum Schluß daruntergemixt, hat sich am besten bewährt. Für den täglichen Gebrauch ist es allerdings meist praktischer, kleine Mengen schnell von Hand zusammenzurühren, daher sind die Rezepte ohne Mixer beschrieben. Tofucreme hält sich im gut verschlossenen Gefäß im Kühlschrank etwa 5 Tage.

200 g Tofu · 1 Eßl. Sojaöl · 1 kleine saure Gurke (etwa 50 g) · 1 säuerlicher Apfel · 1 Eßl. Friate (Apfeldicksaft) · 1 Eßl. Apfelessig · 1 Eßl. Sojasauce · ½ Teel. getrockneter, gerebelter Majoran · etwa 1 Messerspitze frisch gemahlener schwarzer Pfeffer · 1 Eßl. feingehackte Petersilie · eventuell 1 gestrichener Meßlöffel Biobin

Insgesamt etwa 1995 Joule/475 Kalorien,
23 g Eiweiß
Zubereitungszeit: 10 Minuten

Den Tofu durch ein Sieb drücken und mit dem Öl gründlich verrühren. Die Gurke sehr fein schneiden. Den Apfel mit der Schale (falls unbehandelt, sonst vorher schälen) ringsherum bis zum Kernhaus abreiben. Die Tofucreme mit der zerkleinerten Gurke, dem geriebenen Apfel und allen übrigen Zutaten gut mischen. Eventuell mit dem Biobin binden.

Variante: Schnittlauch-Tofucreme
Den Tofu durch ein Sieb streichen, dann mit 1–2 Eßlöffeln Sojaöl, 2 Teelöffeln Senf, 3 Teelöffeln Sojasauce und 1–2 Messerspitzen frisch gemahlenem schwarzem oder weißem Pfeffer gut verrühren. 1 Bund Schnittlauch feinschneiden und unter die Tofucreme mischen.

Variante: Tofucreme Liptauer Art
200 g Tofu durch ein Sieb streichen, dann mit 1 Eßlöffel Sojaöl, 100 g Crème fraîche, je ½ Teelöffel Kräutersalz, edelsüßem Paprikapulver, gemahlenem Kümmel, 2–3 Messerspitzen Piccata und 1–2 Messerspitzen schwarzem Pfeffer gut verrühren. 1 Zwiebel schälen und feinschneiden, zusammen mit je 1 Eßlöffel feingeschnittenem Schnittlauch, Petersilie und Dill unter die Tofucreme mischen. Siehe Bild Seite 87.

Pikante Misocreme

2 Eßl. Vollreis-Miso · 4 Eßl. Sojaöl · 3 Eßl. Tomatenmark · 3 gestrichene Eßl. Vollsojamehl ·

1 Becher Crème fraîche (200 g) · 1 Zwiebel · 1 Eßl. feingehackte Petersilie · je ½ Teel. frisches, feingehacktes oder getrocknetes, gerebeltes Basilikum und Thymian

Insgesamt etwa 3710 Joule/885 Kalorien,
22 g Eiweiß
Zubereitungszeit: 10 Minuten

Das Miso in eine Schüssel geben und jeweils 1 Eßlöffel Öl, Tomatenmark, Sojamehl und Crème fraîche nacheinander mit dem Miso cremig rühren, bis alle diese Zutaten verbraucht sind und eine geschmeidige rosa Creme entstanden ist. Die Zwiebel schälen, feinschneiden und zusammen mit den Kräutern unter den Aufstrich mischen. Oder alle Zutaten in eine Rührschüssel füllen und mit den Schneebesen des elektrischen Handrührgerätes oder dem Teigrührer der Küchenmaschine zu einer geschmeidigen Creme rühren. In einem gut verschlossenen Gefäß im Kühlschrank aufbewahren. Die Creme hält sich dort etwa 4–5 Tage frisch.

Misobutter

125 g Butter · 1 Eßl. Vollreis-Miso · 3 Zwiebeln · 1 Essiggurke · 1–2 Messerspitzen frisch gemahlener schwarzer Pfeffer

Insgesamt etwa 5025 Joule/1195 Kalorien,
8 g Eiweiß
Zubereitungszeit: 10 Minuten (die Butter etwa 30 Minuten vorher aus dem Kühlschrank nehmen)

Die Butter in eine Schüssel geben und mit einem Holzlöffel oder den Schneebesen des elektrischen Handrührgerätes oder der Küchenmaschine schaumig schlagen. Das Miso daruntermischen und so lange weiterrühren, bis eine cremige, hellbraune Masse entstanden ist. Die Zwiebeln schälen und ganz fein schneiden. Die Gurke ebenfalls feinschneiden. Die Zwiebel- und Gurkenwürfel zur Butter geben, umrühren und das Ganze mit dem Pfeffer abschmecken. In einem gut verschlossenen Gefäß im Kühlschrank aufbewahren.

Schoko-Hafer-Creme

Ein nougatähnlicher Brotaufstrich, der durch den rohen Hafer, das Sojamehl und relativ wenig Fett eine gesunde Alternative zu den handelsüblichen Nougataufstrichen sein kann.

100 g Nackthafer · 3 gestrichene Eßl. Sojamehl fettarm · 2 gestrichene Eßl. Kakao · 1 Messerspitze Koch- oder Meersalz · je 3 Messerspitzen Vanille und Zimt · 100 ccm Wasser · 100 g Honig · 100 g Butter, Margarine oder Öl

Insgesamt etwa 6650 Joule/1585 Kalorien,
29 g Eiweiß
Zubereitungszeit: 5–10 Minuten

Den Hafer mittelgrob mahlen (bei Getreidemühlen, die dafür nicht geeignet sind, den Hafer vorher mindestens 1 Stunde einfrieren). Den Haferschrot mit dem Sojamehl, dem Kakao, dem Salz, der Vanille und dem Zimt mischen. Das Wasser zusammen mit dem Honig und dem Fett langsam erwärmen, bis das Fett geschmolzen ist. Diese Flüssigkeit über die Haferschrotmischung gießen und alles gründlich verrühren (am besten mit dem elektrischen Handrührgerät oder der Küchenmaschine). In einem Schraubglas im Kühlschrank aufbewahrt, bleibt der Brotaufstrich 14 Tage frisch.

Brot, Kuchen, Gebäck

Backen mit Soja – damit allein könnte man ein ganzes Buch füllen, denn auch beim Backen überrascht Soja mit seiner Vielseitigkeit immer wieder. Die Backwarenindustrie nutzt diese Vorteile übrigens schon lange – warum nicht auch wir? Alle Backwaren mit Sojazusatz vereinen die für die Gesundheit wertvolle Eigenschaft des Sojaproteins, Getreideeiweiß aufzuwerten (siehe Seite 8ff.), mit der Reduzierung von Kohlenhydraten. Für je eine gute Soja-Eigenschaft beim Backen habe ich Ihnen 1–2 Rezepte ausgewählt.
Der Zusatz von Soja macht das Brotbacken problemloser: das Brot wird lockerer, vollmundiger, eiweißreicher und – für manche Diätformen wichtig – es enthält weniger Kohlenhydrate. Bei den Brotrezepten, nach denen Sie bisher Ihr Brot gebacken haben, können Sie problemlos bis zu ¼ der Mehlmenge durch Sojaschrot (Rezept Seite 19) ersetzen, bis zu ⅓ durch Okara (Rezept Seite 25) bei geringerer Flüssigkeitszugabe; Vollsojamehl sollte etwa ⅒ der Gesamtmehlmenge ausmachen - mehr Flüssigkeit zugeben –, das Brot wird deutlich verbessert (Geschmack, Konsistenz, Haltbarkeit).
Lassen Sie sich einige Vorteile aufzählen: Beim Vollkorntoast verbessern sich die Toasteigenschaften. Brötchen – sonst ein schwieriges Kapitel in der Hausbäckerei – gelingen garantiert, werden locker und braun. Tofu ergibt eine lockere Füllung für salziges Gebäck, das sich wegen seines bekömmlichen Eiweißgehaltes ideal zum Mitnehmen, zum Beispiel an den Arbeitsplatz oder fürs Picknick eignet. Knusprige Fladenbrote bieten sich als Proviant an, wenn möglichst viele Nähr- und Aufbaustoffe auf wenig Platz und mit wenig Gewicht untergebracht werden sollen. Mit Soja gelingt ein lockerer feiner Rührkuchen ganz ohne Eier. Tofu-Käsekuchen läßt Käsekuchenprobleme vergessen, er wird überraschend leicht, locker und bekömmlich. Biskuit kommt mit der halben Eimenge aus und ist deshalb sogar diätgeeignet. Als Bindemittel in Tortenbelag oder Keksfüllung spart Sojamehl Kohlenhydrate und vor allem Fett. Waffeln werden außen knusprig und innen zart.
Einige Hinweise zum Backen: Wo es im Rezept nicht ausdrücklich erwähnt ist (bei Rezepten mit Backzeiten unter 30 Minuten), kann das Vorheizen entfallen, nur muß dann die Vorheizzeit dazugerechnet werden. Die Schiebeleiste ist nur für die konventionellen Herde angegeben, bei den Heißluftherden (Umluftherden) ist das ja nicht so entscheidend. Wenn Sie im Heißluftherd auf allen 3 Etagen backen, müssen Sie mit einer etwas längeren Backzeit rechnen. Falls Sie die Kuchenrezepte für Diabetiker backen wollen, rechnen Sie die angegebene Honigmenge in 3 Teile Diabetikerzucker und 1 Teil Wasser um (zum Beispiel 100 g Honig = 75 g Diabetikerzucker + 25 g Wasser).

Kleine Sonnenbrote

Bild Seite 87

Zutaten für 3 kleine Brote:
100 g gelbe Sojabohnen oder Sojaschrot ·
30 g Sonnenblumenkerne · 700 g Weizen ·
2 gestrichene Teel. Koch- oder Meersalz ·
1 Würfel Hefe (40 g) · knapp ½ l lauwarmes Wasser oder Sojamilch · 3 Eßl. Sonnenblumenöl
Für das Backblech: etwas Margarine
Zum Bestreichen: etwas Sonnenblumenöl

Pro 100 g Brot etwa 1100 Joule/260 Kalorien, 11 g Eiweiß
Zubereitungszeit: 30 Minuten
Ruhezeit: mindestens 1 Stunde und 15 Minuten
Backzeit: 50–60 Minuten bei 220 °C (konventionell), mittlere Schiebeleiste, oder bei 175 °C (Heißluftherd)

Zum Bild auf Seite 87: Zu den Sonnenbroten passen Sojapaste und Tofucreme gut. Rezepte Seite 83, 84, 86.
Bild links: Hagebutten und Äpfel harmonieren in dieser Torte ganz köstlich zusammen. Rezept Seite 93.

Die Sojabohnen, wie auf Seite 19 beschrieben, rösten, abkühlen lassen und grobschroten oder fertigen Sojaschrot verwenden. Die Sonnenblumenkerne ebenfalls in einer schweren Eisen- oder Edelstahlpfanne trocken rösten, bis sie zu duften beginnen und sich leicht dunkel färben. Den Weizen mehlfein mahlen und in einer Rührschüssel mit dem Sojaschrot, den Sonnenblumenkernen und dem Salz mischen. In die Mitte eine Vertiefung drücken, die Hefe hineinbröckeln, das lauwarme Wasser oder die Sojamilch darübergießen und die Hefe mit der Flüssigkeit und etwas Mehl vom Muldenrand zu einem dünnen Brei verrühren. Die Schüssel mit einem Tuch zudecken und den Vorteig 15 Minuten gehen lassen. Dann das Öl zufügen und alles zu einem geschmeidigen, festen Teig verarbeiten, zuerst rühren, dann auf einem Backbrett fertig kneten. Oder mit den Knethaken des elektrischen Handrührgerätes oder der Küchenmaschine einen geschmeidigen Hefeteig kneten. Zugedeckt an einem warmen Platz etwa 30 Minuten gehen lassen. Den Teig nochmals gründlich durchkneten, in drei Teile teilen und jedes Teil zu einer Kugel formen. Die Teigkugeln auf ein gefettetes Backblech legen und flachdrücken. Mit einem Tuch bedeckt nochmals etwa 30 Minuten gehen lassen. Inzwischen den Backofen vorheizen. Die Brote mit Sonnenblumenöl bepinseln. Mit einem scharfen Messer von der Mitte zum Rand strahlenförmige Einschnitte machen und die Brote wie oben angegeben backen. Die heißen Brote mit kaltem Wasser besprühen oder bepinseln und auf einem Kuchengitter auskühlen lassen.

Buttertoast

Zutaten für 1 Kastenform von etwa 28 cm Länge: 600 g Weizen · 1 Teel. Koch- oder Meersalz · 50 g Butter · 50 g Vollsojamehl · 50 g Sojamehl fettarm · 1 Würfel Hefe (40 g) · 1 Eßl. Honig · knapp ½ l lauwarmes Wasser
Für die Form: Butter oder Margarine

Pro 100 g Brot etwa 1100 Joule/260 Kalorien, 10 g Eiweiß
Zubereitungszeit: 30 Minuten
Ruhezeit: mindestens 1 Stunde und 15 Minuten
Backzeit: 50–60 Minuten bei 220 °C (konventionell), mittlere Schiebeleiste, oder bei 175 °C (Heißluftherd)

Den Weizen mehl- oder staubfein mahlen, dann mit dem Salz und der Butter in Flöckchen mischen. Die Sojamehle ebenfalls daruntermischen. In die Mitte eine Vertiefung drücken. Die Hefe hineinbröckeln und den Honig auf die Hefe geben. 1–2 Minuten warten, bis sich die Hefe aufgelöst hat. Die Flüssigkeit dazugießen und mit der Hefe und etwas Mehl vom Muldenrand zu einem dünnen Brei verrühren. Mit einem Tuch bedeckt etwa 15 Minuten gehen lassen. Dann alles zu einem geschmeidigen Hefeteig verarbeiten, zuerst rühren, dann mit der Hand, den Knethaken des elektrischen Handrührgerätes oder der Küchenmaschine kneten. Den Teig zugedeckt nochmals 30 Minuten gehen lassen. Wieder gründlich kneten. Die Kastenform ausfetten. Aus dem Teig eine Rolle formen und in die gefettete Form legen, mit einem Tuch bedeckt nochmals 30 Minuten gehen lassen. Inzwischen den Backofen vorheizen. Das Brot wie oben angegeben backen. Das heiße Brot mit kaltem Wasser besprühen oder bepinseln und auf einem Kuchengitter auskühlen lassen. Erst am nächsten Tag anschneiden.

Variante: Okara-Buttertoast
Lassen Sie das Soja fettarm weg und geben 300 g rohes oder gedämpftes Okara zum Teig. Sie brauchen dann nur gut ¼ l Flüssigkeit, je nach Feuchtigkeitsgehalt des Okara. Es muß ein fester, geschmeidiger Hefeteig entstehen. Sonst wie oben.

Brötchenvarianten

Bild 4. Umschlagseite

Dieses problemlose, vielseitige und absolut sichere Rezept hat bei uns mit allen seinen Varianten die Herzen im Sturm erobert.

Zutaten für 1 Backblech (20 Brötchen):
700 g Weizen · 2 Teel. Kümmel · 1 Teel. Fenchelsamen · 50 g Vollsojamehl · 2 gestrichene Teel. Koch- oder Meersalz · 1 Würfel Hefe (40 g) · 1 Eßl. Honig · ½ l Buttermilch · 100 g Butter oder Öl (¾ Tasse)
Für das Backblech: etwas Margarine

Pro Stück etwa 755 Joule/180 Kalorien,
6 g Eiweiß
Zubereitungszeit: 20 Minuten
Ruhezeit: mindestens 1 Stunde
Backzeit: 20 Minuten bei 250 °C (konventionell), mittlere Schiebeleiste, oder bei 200 °C (Heißluft)

Den Weizen zusammen mit dem Kümmel und dem Fenchel feinmahlen; Sie können die Gewürze auch ganz lassen oder gemahlene Gewürze verwenden. Das Mehl in einer Schüssel mit dem Sojamehl und dem Salz mischen. In die Mitte eine Vertiefung drücken, die Hefe hineinkrümeln und den Honig darübergeben, 1–2 Minuten warten, dann die Hefe mit dem Honig verrühren. Die Buttermilch darübergießen und mit etwas Mehl vom Muldenrand zu einem dünnen Brei rühren. Die Schüssel mit einem Tuch zudecken und den Vorteig 15 Minuten gehen lassen. Dann die Butter in Flöckchen oder das Öl zufügen und alles zu einem geschmeidigen, festen Teig verarbeiten; zuerst rühren, dann auf dem Backbrett fertig kneten. Oder mit den Knethaken des elektrischen Handrührgerätes oder der Küchenmaschine einen geschmeidigen Hefeteig kneten. Den Teigballen oder die Schüssel mit einem Tuch zudecken und den Teig an einem warmen Platz 30 Minuten gehen lassen. Nochmals gründlich durchkneten (bei der Bearbeitung mit der Maschine soll sich der Teig vom Schüsselrand lösen). Aus dem fertigen Teig Kugeln von der Größe eines großen Hühnereies formen, auf ein gefettetes Blech legen, flachdrücken und mit einem Tuch zugedeckt nochmals 15 Minuten gehen lassen. Den Backofen vorheizen. Die aufgegangenen Brötchen in den heißen Ofen schieben und wie oben angegeben goldbraun backen.

Variante: Tofustücke (siehe Bild)
Für die Füllung 400 g Tofu durch ein Sieb streichen, mit 150 g Crème fraîche, 2 gestrichenen Teelöffeln Kräutersalz, 1 Teelöffel Oregano, ½ Teelöffel Thymian, ½ Teelöffel gemahlenem Kümmel, 2 Messerspitzen edelsüßem Paprikapulver und etwa 3 Messerspitzen frisch gemahlenem schwarzem Pfeffer verrühren. Den Hefeteig in 3 Teile teilen. Jedes 3–4 mm dick ausrollen. Aus zwei Teilen Vierecke von etwa 15 cm Seitenlänge ausrädeln oder -schneiden. Auf jedes Viereck 1 Eßlöffel Tofufüllung geben. Eine Partie Vierecke zu Kuverts formen, das heißt die vier Ecken mit verquirltem Ei bestreichen und in der Mitte über der Füllung übereinanderlegen. Die zweite Partie Vierecke zu Windmühlen formen, das heißt von den vier Ecken zur Mitte hin sternförmig je einen Einschnitt machen, die Ecken mit verquirltem Ei bestreichen, und jede

zweite Spitze in der Mitte über der Füllung übereinanderlegen. Die restliche Füllung für Schnekken auf die dritte Teigplatte streichen, zusammenrollen und mit einem Brotmesser 1 cm dicke Scheiben abschneiden. Die Schnecken mit der Schnittfläche auf das gefettete Blech legen. Backzeit wie Brötchen; ergibt 2 Bleche.

Variante: Mini-Pizzas
Zur obigen Tofufüllung zusätzlich 100 g (am besten frisch geriebenen) Parmesan und statt der 2 Messerpitzen ½–1 Teelöffel edelsüßes Paprikapulver mischen. Den Hefeteig in 2 Teile teilen und jedes etwa ½ cm dick ausrollen. Mit einer kleinen Schüssel runde Teigplatten (etwa 15 cm ∅) ausstechen. Die Tofufüllung auf den Teigplatten verteilen und glattstreichen. 1 kg Tomaten waschen und in Scheiben schneiden. Die Tomatenscheiben auf der Tofufüllung verteilen. 3–4 Zwiebeln schälen und in dünne Ringe schneiden. Die Zwiebelringe auf die Tomatenscheiben legen. Jede Pizza mit etwa 1 Teelöffel Olivenöl gleichmäßig beträufeln. Backzeit 45 Minuten, Temperatur wie für Brötchen.

Variante: Bierstangen
Aus dem Brötchenteig Stangen von etwa 10 cm Länge und ½ cm ∅ formen und in heißem Öl oder Fritierfett ausbacken. Das fertige, noch heiße Gebäck mit Salz bestreuen. Die Stangen schmecken frisch zu Bier oder Wein.

Tip: Die Brötchen und die Bierstangen sind auch noch nach Tagen frisch und saftig. Für die Tofustücke und Mini-Pizzas gilt das allerdings nur, wenn sie im Kühlschrank aufbewahrt werden, sonst sollten sie bis zum übernächsten Tag aufgegessen sein (bei heißem Wetter bis zum nächsten Tag), denn Tofu verdirbt schnell. Wenn Sie übrigens gewürztes Brot nicht mögen, die Brötchen und die Varianten schmecken auch ohne Kümmel und Fenchel sehr gut.

Knusperfladen

Zutaten für 6 Stück (1 Backblech):
100 g Nackthafer · 50 g gelbe Sojabohnen oder Sojaschrot · 200 g Weizen · 100 g Buchweizen · 1 gestrichener Teel. Bockshornkleesamen · 1–2 Teel. Koch- oder Meersalz · 30 g Sonnenblumenkerne · 2 Eßl. Öl · gut ⅜ l Wasser
Für das Backblech: etwas Margarine

Pro Stück etwa 1330 Joule/330 Kalorien,
12 g Eiweiß
Zubereitungszeit: 15 Minuten
Backzeit: 60 Minuten bei 220 °C (konventionell), untere Schiebeleiste, 60–70 Minuten bei 200 °C (Heißluft)

Den Hafer und die Sojabohnen zusammen grobschroten oder Sojaschrot verwenden. Den gemischten Schrot in einer trockenen, schweren Pfanne leicht anrösten (etwa 5 Minuten unter Rühren). Fertiges Sojaschrot ist bereits geröstet. Den Weizen, den Buchweizen und den Bockshornkleesamen zusammen zu feinem Schrot mahlen. Mit dem Salz, den Sonnenblumenkernen und dem gerösteten Schrot mischen. Das Öl und das Wasser zufügen und alles gut verrühren. Es soll ein weicher, streichfähiger Teig entstehen. Ein Backblech gut einfetten. Den Teig darauf mit einem Eßlöffel oder Teigschaber in 6 Häufchen verteilen und mit dem immer wieder in Wasser getauchten Teigschaber flachstreichen. Backen wie oben angegeben, bis die Fladenbrote knusprig braun sind und sich leicht vom Blech lösen. Nach Wunsch die Fladen umdrehen und noch etwa 10 Minuten weiterbacken, bis sie ganz fest sind.

Tip: Die Fladenbrote ganz trocken zu backen ist vor allem dann wichtig, wenn sie als Proviant (zum Beispiel für eine Bergtour) lange haltbar sein sollen.

Okarafladen

Okara eignet sich durch seine körnige Struktur gut zum Lockern von Fladen oder Flachbrot ohne Triebmittel. Eine ganz so konzentrierte Nährstoffreserve wie die Knusperfladen es sind, ist durch den Anteil an Okara in diesem Rezept allerdings nicht gegeben. Die Okarafladen sind zum Beispiel eher für eine ausgeglichene Reduktionskost geeignet.

Zutaten für 2 Backbleche (12 Stück):
250 g Weizen · 250 g Nacktgerste · 250 g Nackthafer · je 1 Teel. Kümmel, Koriander, Fenchel und Anis · 2 gestrichene Teel. Koch- oder Meersalz · 600 g Okara · 3 Eßl. Öl · etwa ¾ l Flüssigkeit (Wasser, Molke oder Sojamilch)
Für die Backbleche: Butter oder Margarine

Pro Stück etwa 1200 Joule/285 Kalorien, 10 g Eiweiß
Zubereitungszeit: 15 Minuten
Backzeit: etwa 60 Minuten bei 220 °C (konventionell), untere Schiebeleiste, 60–70 Minuten bei 200 °C (Heißluft)

Den Weizen, die Gerste und den Hafer zusammen mit den Gewürzen mittelfein mahlen; Sie können auch gemahlene Gewürze verwenden oder die Gewürze ganz lassen. Die gewürzte Mehlmischung mit dem Salz, dem Okara, dem Öl und der Flüssigkeit gründlich verrühren. Den Teig auf 2 gut gefettete Backbleche streichen, wie im vorigen Rezept beschrieben. Backen wie oben angegeben, bis die Fladen knusprig braun sind und sich leicht vom Blech lösen. Siehe auch »Tip« im vorigen Rezept.

Pastiera napoletana

Dieses köstliche Gebäck bekamen wir bei unseren italienischen Freunden in Bergamo vorgesetzt. Als sich die zahlreiche Familie um den riesigen Eßzimmertisch versammelte, kam ein weiterer Verwandter aus Neapel dazu, der diese Spezialität mitbrachte. Erstaunt waren wir über den Vollweizen in der Füllung aus Ricotta. Hier also die Abwandlung für die Soja-Vollwertküche:

Zutaten für 1 Springform oder runde Kuchenform von 28 cm ∅:
Für die Weizenschrotmasse:
100 g Weizen · ¼ l Wasser · 3 Eßl. Honig · je 1 Messerspitze Koch- oder Meersalz, Zimt und Vanille · abgeriebene Schale von je 1 Zitrone und Orange (Schalen unbehandelt)
Für den Teig:
150 g Weizen · 1 gestrichener Teel. Weinstein-Backpulver · 75 g Margarine · 2 Eßl. Honig · 1 Ei · 4 Tropfen Zitronenöl
Für die Tofufüllung:
500 g Tofu · 150 g Honig · 3 Eier · 100 g Orangeat · 3 Messerspitzen Vanille · Saft von 1 Zitrone · je 6 Tropfen Zitronenöl und Orangenextrakt
Für die Form: etwas Margarine

Pro Stück (12 Stücke) etwa 1195 Joule/285 Kalorien, 9 g Eiweiß
Zubereitungszeit: 30 Minuten
Backzeit: 90 Minuten bei 175 °C (konventionell), mittlere Schiebeleiste, 60 Minuten bei 150 °C (Heißluft)

Für die Weizenschrotmasse den Weizen sehr grob schroten. Zusammen mit dem Wasser, dem Honig, den Gewürzen und den Zitrusschalen in einem kleinen Topf anrühren, unter gelegentlichem Umrühren zum Kochen bringen und zugedeckt auf kleiner Hitze 5 Minuten kochen lassen. Den Topf vom Herd nehmen und zugedeckt stehenlassen, während der Teig und die Tofufüllung vorbereitet werden. Für den Teig den Weizen mehlfein mahlen und mit dem Backpulver mischen. Die Margarine, den Honig, das Ei und das Zitronenöl zufügen und alles schnell zu einem weichen Knetteig vermischen. Die Springform oder Kuchenform einfetten und den Teig mit einem Teigschaber oder mit der Hand auf den Boden streichen (ohne Rand). Für die Füllung den Tofu zusammen mit dem Honig, den 3 Eigelben, dem Orangeat, der Vanille, dem Zitronensaft und den Aromen in den Mixer füllen und feinmixen. Sollte der Tofu sehr fest sein, eventuell wenig Wasser zufügen, so daß sich die Masse mixen läßt. Die Eiweiße steif schlagen. Den gemixten Tofu in einer Schüssel mit der Weizenschrotmasse mischen und den Eischnee vorsichtig darunterziehen. Die Tofumasse gleichmäßig auf dem Teig in der Form verteilen und wie oben angegeben backen. In der Form auskühlen lassen.

Variante: Tofu-Käsekuchen
Lassen Sie die Weizenschrotmasse, das Orangeat und den Orangenextrakt weg. Nehmen Sie, wenn Sie wollen, 4 statt 3 Eier und mischen eventuell noch 150 g gewaschene, abgetropfte Rosinen unter die Tofumasse. Sonst genauso zubereiten und backen wie die Pastiera.

Feiner brauner Kuchen

Zutaten für 1 Kastenform von 26 oder 28 cm Länge:
200 g Butter oder Margarine · 200 g Honig · 400 g Weizen · 50 g Vollsojamehl · 3 gestrichene Teel. Weinstein-Backpulver · 3 gestrichene Eßl. Kakao · 2 Messerspitzen Vanille · 2 Messerspitzen Zimt · 1 Messerspitze Koch- oder Meersalz · 2 Eßl. abgeriebene Orangenschale (Schale unbehandelt) oder 3 Teel. Orangenextrakt · ⅛ l Sojamilch oder Frischmilch
Für die Form: etwas Margarine

Pro Stück (15 Stücke) etwa 1025 Joule/245 Kalorien, 5 g Eiweiß
Zubereitungszeit: 15 Minuten
Backzeit: 50 Minuten bei 200 °C (konventionell), mittlere Schiebeleiste, 40 Minuten bei 175 °C (Heißluft)

Das Fett mit dem Honig schaumig rühren. Den Weizen staub- oder mehlfein mahlen und mit dem Sojamehl, dem Backpulver, dem Kakao, der Vanille, dem Zimt und dem Salz mischen. Die Mehlmischung, die Orangenschale oder den Orangenextrakt und die Milch zur Fett-Honig-Mischung geben und alles gründlich verrühren. Die Konsistenz des Teiges sollte zwischen Rühr- und Knetteig liegen. Die Form ausfetten und den Teig einfüllen. Backen wie oben angegeben. Mit einem Hölzchen prüfen, ob der Kuchen gar ist. Den Kuchen in der Form auskühlen lassen und erst am nächsten Tag anschneiden.

Hagebutten-Apfel-Torte

Bild Seite 88

Zutaten für 1 Springform oder runde Kuchenform von 28 cm Ø:
150 g Weizen · 1 gestrichener Teel. Weinstein-Backpulver · 3 Messerspitzen Zimt · 150 g Walnußkerne · 100 g Honig · 75 g Butter oder Margarine · 2 Eier · 750 g säuerliche Äpfel · 300 g Hagebuttenmus (Eden) · 3 gestrichene Eßl. Sojamehl fettarm · abgeriebene Schale von ½ Zitrone (Schale unbehandelt)
Für die Form: Butter oder Margarine

Pro Stück (12 Stücke) etwa 1120 Joule/265 Kalorien, 4 g Eiweiß
Zubereitungszeit: 25–30 Minuten
Backzeit: 35 Minuten bei 200 °C (konventionell), mittlere Schiebeleiste, oder bei 175 °C (Heißluft)

Den Weizen mehl- oder staubfein mahlen, dann mit dem Backpulver und dem Zimt mischen. Die Walnußkerne grobreiben und die Hälfte zur Mehlmischung geben. Den Honig, die Butter oder Margarine und die 2 Eigelbe zufügen. Alles zusammen schnell mit den Schneebesen des elektrischen Handrührgerätes oder dem Teigrührer der Küchenmaschine zu einem weichen Rührteig verarbeiten. Die Form einfetten und den Teig mit einem Teigschaber oder Löffel auf den Boden streichen (ohne Rand). Den Backofen vorheizen. Die Äpfel vierteln, schälen und vom Kernhaus befreien. Größere Apfelviertel nochmals teilen. Das Hagebuttenmus mit dem Sojamehl und der Zitronenschale gut verrühren. Die restlichen geriebenen Nüsse und die Apfelstücke gründlich unter das Fruchtmark mischen. Die Eiweiße zu steifem Schnee schlagen, vorsichtig unter die Fruchtmasse ziehen und das Ganze gleichmäßig auf dem Teig in der Form verteilen. Backen wie oben angegeben.

Gefüllte Butterkekse

Zutaten für 2 Backbleche (etwa 30 Doppelkekse):
350 g Weizen · 50 g Vollsojamehl · 2 gestrichene Teel. Weinstein-Backpulver · ½ gestrichener Teel. Delifrut · 2 Messerspitzen Vanille · abgeriebene Schale von ½–1 Orange (Schale unbehandelt) oder 1 Teel. Orangenextrakt · 1 Ei · 100 g Honig · 200 g Butter
Zum Bestreichen: etwas Sojamilch oder Frischmilch
Für das Backblech: etwas Margarine
Für die Füllung:
100 g Nackthafer · 3 Eßl. Sojamehl fettarm · 2 gestrichene Eßl. Kakao · 1 Messerspitze Koch- oder Meersalz · je 3 Messerspitzen Vanille und Zimt · 1 Meßlöffel Biobin · 100 ccm Wasser · 100 g Honig · 100 g ungehärtetes Kokosfett oder (statt der Schoko-Hafer-Creme) rote Marmelade

Pro Stück etwa 675 Joule/160 Kalorien, 3 g Eiweiß
Zubereitungszeit: 35–40 Minuten
Backzeit: 15 Minuten bei 190 °C (konventionell), obere Schiebeleiste, oder bei 150 °C (Heißluft)

Den Weizen mehlfein mahlen, dann auf der Arbeitsplatte mit dem Sojamehl, dem Backpulver und den Gewürzen mischen. In die Mitte eine Vertiefung drücken. In die Mulde das Ei und den Honig geben und mit einem Messer schnell mit etwas Mehl vermischen. Die in Stücke geschnittene kalte Butter obenauf verteilen und alles rasch von außen nach innen zu einem festen Teig kneten. Oder mit den Knethaken des elektrischen Handrührgerätes oder dem Teigrührer der Küchenmaschine zu Knetteig verarbeiten; dafür sollte die Butter mindestens 30 Minuten vorher aus dem Kühlschrank genommen werden. Den Teig in 3 Teile teilen und jedes Stück etwa 3 mm dick ausrollen. Runde Plätzchen von 5–6 cm ∅ ausstechen, auf gefettete Bleche legen, mit Milch oder Sojamilch bestreichen und wie oben angegeben hellgoldbraun backen. Auf einem Kuchengitter etwas abkühlen lassen. Die Schoko-Hafer-Creme nach dem Rezept auf Seite 85 zubereiten. Je einen Keks mit Schoko-Hafer-Creme (so dick wie der Keks selbst ist) oder mit roter Marmelade (halb so dick) bestreichen. Einen zweiten Keks daraufsetzen und die gefüllten Kekse einen Tag lang auf einem Kuchengitter trocknen lassen.

Variante: Tofucreme- oder Schaumtörtchen
Aus dem Teig runde Kekse von 9 cm Ø (Teetasse) ausstechen und jeweils vorsichtig in ein Papier-Backförmchen legen. Die Füllung für Pastiera napoletana (Rezept Seite 92) ohne Weizenkörner zubereiten, dabei nach Wunsch 100 g Himbeeren, Erdbeeren, Sauerkirschen oder Aprikosen (gewaschen, geputzt und eventuell entsteint) mitmixen. Oder die Tofu-Käsekuchenfüllung (Rezept Seite 93) zubereiten. Für Schaumtörtchen die Schaumeismasse (Rezept Seite 78) in doppelter Menge zubereiten. 4 Eßlöffel Weizen feinmahlen und zusammen mit 100 g geschälten, gemahlenen Mandeln und 4 Tropfen Mandelöl vorsichtig unter die Schaumeismasse ziehen. Die Törtchen mit der gewählten Masse füllen und etwa 30 Minuten backen. Temperatur wie für gefüllte Butterkekse.

Zimtwaffeln

Zutaten für 50 Waffelherzen:
200 g Weizen · 4 gestrichene Eßl. Vollsojamehl · 4 gestrichene Eßl. Sojamehl fettarm · 1 gestrichener Teel. Weinstein-Backpulver · 1–2 Teel. Zimt nach Geschmack · 1 Messerspitze Koch- oder Meersalz · 4 Eier · 150 g Honig · 1 Tasse Sojamilch · 6 Eßl. Sojaöl
Für das Waffeleisen: etwas Margarine oder Öl

Pro Stück etwa 195 Joule/45 Kalorien, 2 g Eiweiß
Zubereitungszeit: 30–40 Minuten

Den Weizen mehl- oder staubfein mahlen und mit den Sojamehlen, dem Backpulver, dem Zimt und dem Salz mischen. Die Eier, den Honig, die Sojamilch und das Öl zufügen und alles mit dem Schneebesen schnell zu einem weichen Teig rühren. Das Waffeleisen anheizen und leicht fetten (dafür am besten einen großen Backpinsel mit Öl oder weicher Margarine vollsaugen lassen und zwischen jedem Backen schnell mit dem Pinsel über beide Backflächen streichen). Für ein Waffeleisen mit 5 Herzen jeweils 2 Eßlöffel Teig in die Mitte füllen und die Flächen kurz zusammendrücken. Die Waffeln goldbraun backen und auf einem Kuchengitter auskühlen lassen. Frisch servieren.

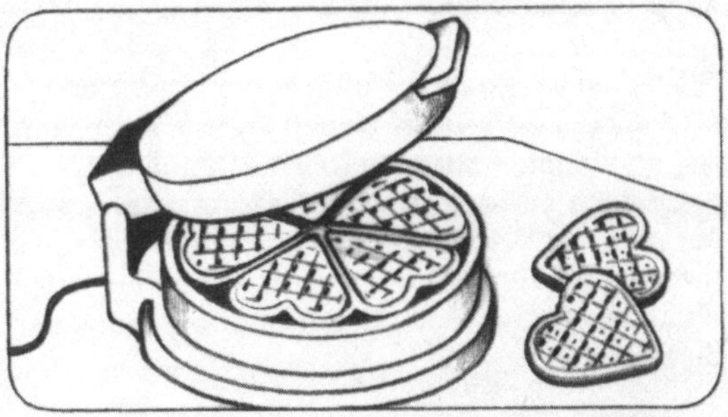

Bei Waffeleisen gibt es die unterschiedlichsten Systeme. Probieren Sie also bei der ersten Waffel, wie lange und wie heiß Sie backen müssen.

Variante: Waffelröllchen, Hörnchen oder Oblaten
Der Waffelteig ist auch für den Hörnchenautomaten oder das Eiserkucheneisen ideal. Das Gebäck bleibt lange genug weich, um zu Hörnchen oder Röllchen (über einen Holzlöffelstiel gewikkelt) geformt zu werden, wird dann aber sofort sehr knusprig. In das vorgeheizte und leicht gefettete Eiserkucheneisen nur jeweils 1 gestrichenen Eßlöffel Teig füllen. Für knusprige Waffeln den Teig mindestens goldbraun backen. Die heißen Waffeln sofort formen und auf einem Kuchengitter auskühlen lassen. Für Zimtwaffeln oder Oblaten die heißen Waffeln flach auf das Kuchengitter legen. Nur ganz knusprige und gut ausgekühlte Waffeln können in einer gut schließenden Blechdose aufbewahrt werden. Weichere müssen bald gegessen werden. Der Teig

reicht für 36 Röllchen, Hörnchen oder Oblaten. Meine Geduld reicht allerdings meist nur für die halbe Teigmenge, also 18 Waffeln, denn da man jeweils nur 1 Eßlöffel nimmt, dauert das Backen dann genauso lange wie die ganze Menge »normale« Waffeln.

Frühstücksbiskuits

Die flachen Biskuits mit dem knusprigen Rand sind schnell gebacken. Daher sind sie auch zum Nachmittagstee oder für überraschenden Kaffeebesuch willkommen. Die Biskuits schmecken pur oder mit Schlagsahne und frischen Beeren (Erdbeeren, Himbeeren oder Brombeeren) oder Fruchtmark (zum Beispiel Sanddorn- oder Hagebuttenmark).

Zutaten für 15 Stück (1 Backblech):
100 g Weizen · 1 gestrichener Teel. Anis ·
1 gestrichener Eßl. Sojamehl fettarm ·
1 gestrichener Teel. Weinstein-Backpulver ·
2 Eier · 100 g Honig · 1 Messerspitze Vanille ·
2 Tropfen Zitronenöl · 3 Eßl. Sojamilch
Für das Blech: etwas Margarine oder Backpapier

Pro Stück etwa 240 Joule/55 Kalorien, 2 g Eiweiß
Zubereitungszeit: 10 Minuten
Backzeit: 10–15 Minuten bei 200 °C (konventionell), mittlere Schiebeleiste, oder bei 160 °C (Heißluft)

Den Backofen vorheizen. Den Weizen zusammen mit dem Anis staub- oder mehlfein mahlen (oder gemahlenen Anis verwenden). Wenn Sie Anis nicht mögen, lassen Sie ihn weg. Das Mehl sofort mit dem Sojamehl und dem Backpulver mischen. Die Eier mit dem Honig, der Vanille und dem Zitronenöl in die Rührschüssel des elektrischen Handrührgerätes oder der Küchenmaschine füllen und mit den Schneebesen ½ Minute aufschlagen. Die Sojamilch dazugießen und alles zusammen 5 Minuten auf höchster Stufe weiterrühren, bis ein fester, heller Schaum entstanden ist. Das Mehlgemisch vorsichtig von Hand mit einem Schneebesen unter den Schaum heben. Das Backblech gut einfetten oder mit Backpapier belegen. Häufchen von je 1 Eßlöffel nicht zu dicht auf das Blech setzen. Das Blech in den heißen Ofen schieben und die Biskuits wie oben angegeben backen, bis die Ränder schön braun sind. Die kleinen Kuchen sofort mit einem Pfannenmesser oder Bratenwender vom Blech nehmen und auf einem Kuchengitter auskühlen lassen.

Kleine Warenkunde

Alle Sojaprodukte sind auf den Seiten 11–16 ausführlich beschrieben. Andere vielleicht nicht so geläufige Zutaten, die wir noch für die Vollwertküche verwenden, folgen hier in Stichworten von A bis Z. Soweit nichts anderes vermerkt ist, sind sie alle in Reformhäusern, Naturkostläden oder bei Naturkost-Versandfirmen erhältlich.

Agar Agar: Geliermittel aus Algen mit 3,5% Mineralstoffgehalt. Gemahlenes Agar Agar läßt sich am besten verarbeiten (zum Beispiel von Brecht).

Arrowroot (Pfeilwurzelmehl): Eine natürliche Stärke zum Binden feiner Speisen; Kuzu oder Wildpfeilwurzelmehl kann genauso verwendet werden, ist aber teurer (und noch wertvoller). Ersatzweise notfalls Maisstärkepuder verwenden.

Azukibohnen (rote Sojabohnen): Siehe Seite 11.

Biobin: Pflanzliches Bindemittel aus Johannisbrotkernen (von Tartex im Reformhaus). In sehr kleinen Mengen zu verwenden (Meßlöffel in der Packung). Bindet auch kalte Speisen und hält zum Beispiel Schlagsahne auf Torten 1–2 Tage steif.

Bockshornkleesamen: Brotgewürz, paßt gut in Brote mit Sojaschrot oder -mehl.

Buchweizen: Enthält viel Kalium, Magnesium, Eisen, Lezithin und viele Vitamine. Ist schnell gar und leicht verdaulich. Als Mehl, Schrot und ganze Körner erhältlich.

Butter: Neuerdings wird Butter für die Vollwertkost wieder empfohlen. Der Cholesteringehalt ist nicht so entscheidend, wie lange behauptet wurde. Butter ist eines der natürlichsten und gesündesten Fette.

Delifrut: Gewürzmischung für Süßspeisen (Brecht).

Delikata: Gewürzmischung mit mildem, curryähnlichem Geschmack (Brecht).

Edelhefeflocken: Würzmittel der vegetarischen Küche zur Anreicherung mit Eiweiß und B-Vitaminen.

Eier: Die Qualität der Eier schmeckt man in vegetarischen Gerichten besonders deutlich heraus. Bio-Eier beziehungsweise Eier von freilaufenden Hühnern sollten also bevorzugt werden.

Endoferm: Gewürzmischung von Brecht (Reformhaus).

Friate: Ein Apfeldicksaft und eine pikante Fruchtwürze (Donath). Statt indonesischer Sojasauce (siehe dort) können Sie Friate und etwas »normale« Sojasauce verwenden.

Gemüsebrühe, gekörnte: Praktisches Würzmittel der Vollwertküche, enthält viele Mineralstoffe aus Gemüse. Es gibt verschiedene Fabrikate. Cenovis und Frugola sind auch lose und preiswert erhältlich.

Gerste: Siehe Nacktgerste.

Gomasio: Siehe Sesamsalz.

Graham-Paniermehl: Siehe Vollkornbrösel.

Grünkern: In der Milchreife geernteter Dinkel, auf Holzkohlenfeuer »gedarrt«. Eiweiß- und mineralstoffreich, wohlschmeckend und leicht verdaulich. Auch im Lebensmittelhandel erhältlich. Ganze Körner frisch gemahlen schmecken wesentlich besser als käuflicher Grieß und Mehl.

Hafer: Siehe Nackthafer.

Kleine Warenkunde

Hirse: Das mineralstoffreichste Getreide (2%). Leicht verdaulich und schmackhaft, schnell gar.

Honig: Natürliches Süßungsmittel für die Vollwertküche. Geschmacksneutralen hellen Blütenhonig für Speisen und Gebäck verwenden.

Indonesische Sojasauce: Etwas süßlich und dickflüssig (Guadalquivir, Reformhaus). In entsprechenden Rezepten kann als Ersatzmittel auch Friate (siehe dort) und »normale« Sojasauce verwendet werden.

Kräuter: Frische Garten- und Wildkräuter sollten in der Vollwertküche häufig verwendet werden, sie enthalten reichlich Vitamine und Mineralstoffe. Für den Winter kann man sie gut einfrieren (feinschneiden wie gewohnt, in kleine Tiefkühlbehälter füllen, bei Bedarf mit einer Gabel herausnehmen und Reste sofort wieder gut verschlossen ins Tiefkühlfach stellen). Getrocknet sollte man nur gerebelte (nicht pulverisierte) Kräuter von guter Qualität verwenden. Siehe auch »Küchenkräuter selbst gezogen« und »Pahlows Wildgemüse-Kompaß« (Gräfe und Unzer Verlag).

Kräutersalz: Universelles Würzmittel in der Vollwertküche. Nicht ganz so salzig wie Koch- oder Meersalz. Enthält viele Mineralstoffe.

Mandelmus: Fertigprodukt aus feinzerkleinerten Mandeln.

Margarine: Ungehärtete Margarine aus kaltgepreßten Ölen verwenden. Auch im Lebensmittelhandel erhältlich.

Milch: Die im Handel erhältliche »Frischmilch« ist noch am natürlichsten. Sie ist besser zum Kochen geeignet und auch geschmacklich viel feiner als zum Beispiel H-Milch.

Miso: Paste aus fermentierten Sojabohnen (meist mit Getreide), siehe Seite 13.

Nacktgerste: Spelzenlose Züchtung für die Vollwertküche.

Nackthafer: Spelzenlose Züchtung für die Vollwertküche. Hat von allen Getreidearten den höchsten Eiweiß- und Fettgehalt, daher bekannt als Kraftnahrung.

Naturreis oder Vollreis: Ungeschält und nicht poliert. In der Schale und dem Silberhäutchen sind die meisten Vitamine und Mineralstoffe sowie Eiweiß und Fett enthalten.

Nigari: Traditionelles japanisches Gerinnungsmittel für Tofu (Sojaquark oder -käse). Wird aus Meersalz gewonnen (Kalziumchlorid).

Öl: In der Vollwertküche verwenden wir nur kaltgepreßtes Öl von guter Qualität. Es ist natürlich und ohne chemische Verfahren gewonnen.

Okara: Rückstand bei der Herstellung von Sojamilch und Tofu, siehe Seite 23 und 25.

Piccata: Pikante, scharfe Gewürzmischung (Brecht).

Pilzpulver: Aus getrockneten, gemahlenen Pilzen (Brecht).

Pilz-Sojasauce: Sojasauce mit Pilzzusatz (Neuco).

Reis: Siehe Naturreis.

Roggen: Mineralstoffreich, für herzhafte Gerichte besonders gut geeignet.

Kleine Warenkunde

Sahne: Für Sahne gilt das gleiche wie für Butter, siehe dort.

Salz: Zum Salzen der Gerichte werden hier häufig Kräutersalz, gekörnte Gemüsebrühe, Sojasauce oder Miso verwendet (alle salzhaltig). Sonst haben Sie die Wahl zwischen Koch- und Meersalz; wobei letzteres noch wertvolle Mineralstoffe enthält.

Schabzigerklee: Ein Gebirgskraut, getrocknet, pulverisiert im Reformhaus (Brecht). Wird oft als Käsegewürz verwendet.

Sesammus: Siehe Tahin.

Sesamsalz (Gomasio): Aus geröstetem Sesamsamen und geröstetem Meersalz, zusammen vermahlen. Gehört in Japan untrennbar zur Sojaküche. Man kann es selbst herstellen, indem man 100 g ungeschälte Sesamsamen leicht röstet, 1 gestrichenen Eßlöffel Meersalz, ebenfalls geröstet, daruntermischt, und beides abgekühlt in einer geeigneten Mühle mahlt. Kühl lagern.

Sojabohnen: gelbe, grüne und rote bei uns erhältlich, siehe Seite 11.

Sojamark: Siehe Seite 12 und Seite 15 – in Würfelform oder gekörnt (granuliert, »Hackfleischart«) erhältlich, auch Sojafleisch genannt. Sojamark ist entfettetes, gepreßtes, geformtes Sojamehl, hat eine fleischähnliche Konsistenz, nimmt leicht Geschmacksstoffe auf und muß daher in geschickten Zusammenstellungen mit Gewürzen und anderen geschmacksgebenden Zutaten vorgequollen, gekocht und zubereitet werden. Suchen Sie aus den verschiedenen Fabrikaten das Sojamark heraus, das Ihnen am meisten zusagt und das wertschonend produziert wird (kein TVP, siehe Seite 12). Das Produkt der Firma »Neuco« ist bereits gesalzen, daher bei der Zubereitung die Salzmenge oder die Menge salzhaltiger Zutaten verringern. Für TVP (Texturiertes Vegetabiles Protein) wird isoliertes Sojaeiweiß aufgelöst und wie Kunstfasern versponnen. Soweit TVP von Reformfirmen übernommen wird, wird es laufend auf Rückstände untersucht.

Sojamehl fettarm: Durch Pressung entfettetes Sojamehl (Hensel). Zu Sojamehl von delisana (Lebensmittelhandel) siehe Seite 11.

Sojamehl vollfett: siehe Vollsojamehl.

Sojamilch: Aus gelben Sojabohnen und Wasser hergestellt. Rezept Seite 22 oder Fertigprodukte (Granovita oder Arche), auch »Sojadrink« genannt.

Sojaöl: Siehe Seite 14.

Sojasauce: Tamari und Shoyu werden noch nach natürlichem Verfahren hergestellt. Siehe auch Pilz-Sojasauce, Indonesische Sojasauce.

Sojaschrot: Kann selbst gemacht (Rezept Seite 19) oder fertig gekauft werden (Hensel).

Stein-Champignons: Auch französische Stein-Champignons genannt. Eine neue Züchtung aus Frankreich. Erfreut sich steigender Beliebtheit, da kräftiger im Geschmack und haltbarer als Champignons. Die in Süddeutschland angebotenen Egerlinge haben ähnliche Eigenschaften. In den Rezepten nicht durch die weißen Zuchtchampignons austauschbar, eher durch Steinpilze, Maronen oder ähnliche Waldpilze.

Tofu: Sojaquark oder -käse, aus Sojamilch und einem Gerinnungsmittel hergestellt, siehe Seite 12 und 24.

Kleine Warenkunde

Vanille: Für die Vollwertküche kommt ausschließlich natürliche Vanille in Frage, gemahlen (Brecht und Lima) oder als Extrakt (McCormick). 1 Messerspitze gemahlene Vanille entspricht etwa 5 Tropfen Vanilleextrakt.

Vollkornbrösel: Als »Graham-Paniermehl« (Donath) oder als »Vollkorn-Paniermehl« (Lima) erhältlich.

Vollreis: Siehe Naturreis.

Vollsojamehl: Für die Rezepte dieses Buches wurde puderfeines, goldgelbes Sojamehl (Hensel) verwendet. Siehe auch Seite 11. Lose und in Packungen im Reformhaus erhältlich

Weizen: Das am meisten verwendete Getreide, leicht verdaulich, geschmacksneutral, gute Backfähigkeit.

Worcestershiresauce: Pikantes Würzmittel, für Sojamark gut geeignet. Zutaten bei den verschiedenen Herstellern unterschiedlich, kann bis zu 30% Sojasauce enthalten. Auf natürliche Zusammensetzung achten. Nur im Lebensmittelhandel erhältlich.

Zitronen- oder Orangenschale: Selbstverständlich nur von chemisch unbehandelten Früchten abreiben. Konservieren in Honig. Zitronen- und Orangenextrakt von McCormick und Backöl Zitrone von Ostmann sind natürlich hergestellt.

Bücher und Adressen

Aubert, Claude, Das große Handbuch der biologisch gesunden Ernährung. Verlag Orac Pietsch, Wien

Chemie in Nahrungsmitteln. Verlag Zweitausendeins, 6000 Frankfurt 61

Fritzsche, Helga, Küchenkräuter selbst gezogen – am Fenster, auf dem Balkon und im Garten. Gräfe und Unzer Verlag, München

Handbuch der Haushalts-Getreidemühlen. Bezug durch Buchhandel, Reformhäuser, Naturkostläden oder bei Verlag Eberhard Cölle, Postfach 70 01 18, 7000 Stuttgart 70 (gegen Voreinsendung von DM 9,80 auf PS-Konto 18929-702 Stuttgart)

Hensel-Information. Henselwerk GmbH, 7031 Magstadt

Kapfelsberger/Pollmer, Iß und stirb. Verlag Kiepenheuer & Witsch, Köln

Kleiner Führer für die gesunde Küche. Bezug durch Naturkostläden oder bei Lima N. V., B-9830 Sint-Martens-Latem/Belgien

von Koerber/Männle/Leitzmann, Vollwert-Ernährung. Grundlagen einer vernünftigen Ernährungsweise. Haug Verlag, Heidelberg

Shurtleff, William/Akiko Aoyagi, Das Tofu-Buch. Ahorn-Verlag, Soyen

Shurtleff, William/Akiko Aoyagi, Das Miso-Buch. Ahorn-Verlag, Soyen

Vonarburgs Gewürzkräuter-Kompaß. Kräuter aus Natur und Garten – bestimmen, sammeln, selber ziehen. Gräfe und Unzer Verlag, München

Adressen biologisch wirtschaftender Landwirte durch:
Demeter-Bund, Wellingstr. 24, 7000 Stuttgart
Fördergemeinschaft organisch-biologischer Landbau e. V., 7326 Heiningen
Adressen von Naturkost-Versandfirmen: in Reform- und Gesundheitszeitschriften
Bezugsquelle für Tofu-Preßkasten: Reformhäuser, Naturkostläden oder Sojaquelle, Seeoner Str. 17, 8201 Oberbrunn (auch Sojabohnen)
Bezugsquelle für Servierpfanne: Haushaltswaren-Fachhandel. Information durch Schulte-Ufer KG, 5768 Sundern/Sauerland

Rezept- und Sachregister

Kursiv gesetzte Seitenzahlen verweisen auf Farbbilder.

Rezept- und Sachregister

Rezept- und Sachregister

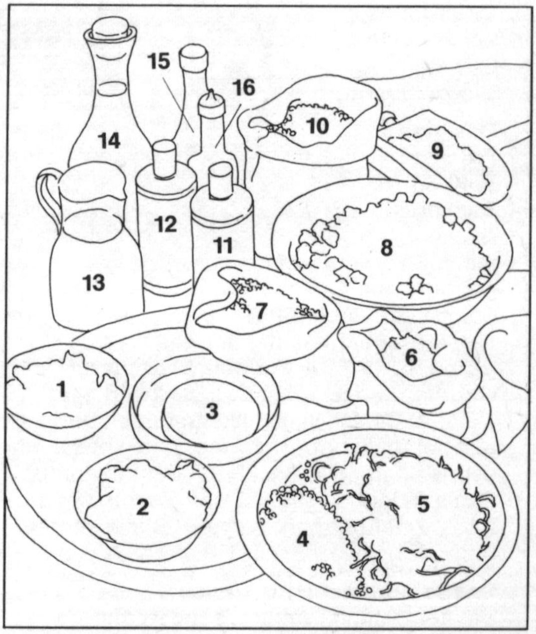

Sojazutaten für die Vollwertküche: 1 Vollreis-Miso, 2 Hatcho-Miso, 3 selbst gemachter Tofu, 4 grüne Sojabohnen, 5 Sojasprossen, 6 Vollsojamehl, 7 rote Sojabohnen/Azukibohnen, 8 Sojamarkwürfel, 9 Sojamehl fettarm, 10 gelbe Sojabohnen, 11 Sojasauce Tamari-Shoyu, 12 Sojasauce Tamari, 13 selbstgemachte Sojamilch, 14 Sojaöl, 15 Indonesische Sojasauce, 16 Pilz-Sojasauce.